U0450629

精益7S现场管理系列

精益7S现场管理实用技术

精益界 组编

中国电力出版社
CHINA ELECTRIC POWER PRESS

内 容 提 要

本书结合图例，对 7S 小组建设、基础建设、现场管理、检查与规范、改善与提升五个方面所涉及的 77 个技术做了全面、精细的剖析，让读者可以轻松地理解 7S 推行需要掌握的技术。参照本书，管理者可以轻松实现 7S 活动在企业中的全面推进。

图书在版编目（CIP）数据

精益 7S 现场管理实用技术 / 精益界组编. — 北京：中国电力出版社，2015.2
ISBN 978-7-5123-7099-9

Ⅰ.①精… Ⅱ.①精… Ⅲ.①企业管理—生产管理 Ⅳ.①F273

中国版本图书馆 CIP 数据核字(2015)第 009159 号

中国电力出版社出版、发行
北京市东城区北京站西街19号　100005　http://www.cepp.sgcc.com.cn
责任编辑：刘红强
责任校对：林　媛　　责任印制：赵　磊
北京博图彩色印刷有限公司印刷　·各地新华书店经销
2015年2月第1版·2015年2月北京第1次印刷
700mm×1000mm　16开本·16.25印张·288千字
定价：39.80元

敬告读者

本书封底贴有防伪标签，刮开涂层可查询真伪
本书如有印装质量问题，我社发行部负责退换

版权专有　翻印必究

精益界编委会

主　编　孙科炎

副主编　齐忠玉

编　委　（排名不分先后）

孙科炎	齐忠玉	孙亚彬	沈方楠	陈清民
孙科柳	易生俊	张　晨	苏　进	蒋业财
余伟辉	冯　彬	林　海	杨玉柱	李振华
张　昆	黄昌华	吴发明	王　凌	孙　丽
潘长青	石　强	段佳靓	江　波	王晓旭

丛 书 序

  精益管理思想盛行于欧美和日本等制造业发达的国家和地区。自20世纪末出现以来，至今已形成了丰富的管理思想和管理技术体系，并延伸到非制造业——服务业、信息产业等诸多领域，几乎成为绝大多数企业优化、升级管理水平时的不二选择。近十年来，国内很多企业也开始在企业内推行这种管理思想。

  精益管理思想可以简单地理解为"以创造顾客价值为导向，以价值流分析为依据，重新审视企业内部的运营管理，发现增值环节，剔除或减少非增值环节，优化价值产出过程，减少不必要的损耗"。为满足中国企业迫切想提升管理水平、推行精益管理的需要，我们创建了一个综合性的精益管理思想普及与交流的平台——"精益界"。我们组织精益管理专家和一线精益管理咨询师撰写一系列精益管理实践指导图书，并提供相应的培训课程。这一系列图书包括企业推行精益管理的一般思路、方法、技术、工具和实用表单等。同时，我们还系统地梳理了中国企业普遍存在的各类管理问题（包括文化建设方面的问题），并从精益管理思想和实践中找到科学有效的解决方法。

  为此，我们将陆续推出一系列精品图书——"实用精益7S管理丛书"，包括："精益7S现场管理系列"（《精益7S现场管理自检手册》《精益7S现场管理实战课》《精益7S现场管理实用技术》《精益7S现场管理标准化制度模板与实用表单》《精益7S工作法》），"实用精益班组管理丛书"（《精益班组管理自检手册》《精益班组管理实战课》《精益班组管理实用技术》《精益班组管理标准化制度模板与实用表单》《做精益班组长》《管好班组带好人》），"管理岗位实用精益管理丛书"（《基层管理者实用精益管理》《中层管理者实用精益管理》《车间主管实用精益管理》）等。

  图书的相关信息及相应的培训课程可登录精益界网站（www.leanall.com）察看。我们将根据精益管理调研和研究的实际情况，随时调整计划，有针对性地为读者朋友们服务。

精益界编委会
2014年10月

前　　言

　　精益 7S 现场管理的推行需要使用科学的管理技术，本书对这些技术进行了汇总。

　　本书主所收录的技术，涉及 7S 小组建设、基础建设、现场管理、检查与规范、改善与提升等五个方面，基本涵盖了 7S 推行活动的各个领域的实用典型技术，共计 77 个。在每个技术中，我们都将详细解读该技术的应用模式，内容丰富、体系完备、分类准确、方便实用。

　　具体来说，本书具有以下特色。

　　第一，系统性。本书的各个章节中，技术种类丰富多样，形成了较为完善的体系。本书共包括五章，第一章重点解读 7S 小组建设过程中所使用的技术，第二章到第五章分别介绍了基础建设、现场管理、检查与规范、改善与提升等方面的技术。本书章节脉络清晰，一步步系统深入地解读 7S 推行各个环节的技术方法，最大限度地满足读者在 7S 推行过程中的需要。

　　第二，针对性。本书以为读者提供所需的实用技术为出发点，整理了 77 个实用技术，并对每种技术都进行了详细说明，且配备了实际使用过程中的图例，方便读者阅读和使用。真正做到让技术更到位，让 7S 的推行真正落地。

　　第三，实用性。实用性是技术类丛书的特点，更是我们坚持追求的目标。本书中对每种技术的含义、要点和使用步骤进行了细致说明，使读者既了解技术和方法本身，也明白如何应用，以帮助读者迅速、有效地解决问题，真正实现学以致用。

　　第四，简易性。本书将科学专业的技术方法化繁为简、化难为易。使读者更易于理解，更易于操作。同时，本书力求用简单、直接的语言深入浅出地加以解释，并辅以大量实际使用中的图标予以说明，使读者读起来更加轻松。

　　同时还需要说明的是，任何技术工具，都需要借助人的主观判断。如果管理者能够在掌握这些技术和方法的基础上，做到不拘泥于形式，不生搬硬套，结合具体情况认真分析，灵活应用，那么将更有利于发挥技术的功能，7S 的推行也会取得更好的成果。

　　衷心地希望本书能够为广大读者朋友带来帮助。由于时间仓促，书中难免有不足之处，还请读者朋友们提出宝贵的意见和建议。

精益界编委会

2014 年 11 月

目　　录

丛书序
前言
1 7S 小组建设技术 ... 1
　　1.1 职能管理 ... 3
　　1.2 技能矩阵 ... 6
　　1.3 目标管理卡 ... 8
　　1.4 甘特图 ... 10
　　1.5 晨会制 ... 14
　　1.6 TWI 技能培训 ... 17
　　1.7 OJT 培训 ... 20
　　1.8 SMART 法 ... 23
　　1.9 目标展开图 ... 26
　　1.10 SWOT 分析法 ... 28
　　1.11 工作清单 ... 31
　　1.12 素质教育 ... 33
　　1.13 授权管理 ... 36
　　1.14 7±2 法则 ... 39
　　1.15 消除位差 ... 41
　　1.16 OEC 法 ... 44
2 基础建设技术 ... 47
　　2.1 现场布局 ... 49
　　2.2 "一个流" ... 53
　　2.3 SPC 系统 ... 57
　　2.4 价值流图分析法 ... 59
　　2.5 ECRS 分析法 ... 62
　　2.6 定置管理 ... 65
　　2.7 油漆作战 ... 70
　　2.8 可视化管理 ... 75
　　2.9 KYT 法 ... 78
　　2.10 安全标识系统 ... 81

  2.11　5S 时间管理法　83
  2.12　寻宝活动　86
  2.13　洗澡活动　89
  2.14　7S 大脚印　92
  2.15　储位管理　94
3　现场管理技术　97
  3.1　动作分析法　99
  3.2　看板管理　106
  3.3　TPM 管理　109
  3.4　BOM 管理　113
  3.5　ABC 分类法　116
  3.6　资源统筹管理　119
  3.7　流程分析法　122
  3.8　GT 技术　125
  3.9　消除 Muda　128
  3.10　80/20 法则　134
  3.11　先进先出法　137
  3.12　库存管理模型　139
  3.13　价值链梳理　143
  3.14　业务流程图　146
  3.15　专人责任制　148
4　检查与规范技术　151
  4.1　3U-MEMO 法　153
  4.2　定点取像　156
  4.3　红牌作战　158
  4.4　检查表法　161
  4.5　BS 诊断法　164
  4.6　业务整理　168
  4.7　期限通牒　170
  4.8　节点控制　172
  4.9　ARIS 仿真　174
  4.10　PDCA 循环　177
  4.11　SDCA 循环　180
  4.12　SOP 管理　182
  4.13　岗位职责书　187

4.14 标杆管理 ··· 190
5 改善与提升技术 ··· 193
　　5.1 5W1H 分析法 ··· 195
　　5.2 5WHY 分析法 ·· 199
　　5.3 直方图 ·· 203
　　5.4 因果图 ·· 207
　　5.5 防错法 ·· 209
　　5.6 头脑风暴法 ·· 213
　　5.7 故障树分析法 ··· 216
　　5.8 程序分析法 ·· 218
　　5.9 决策树 ·· 221
　　5.10 质量屋 ··· 223
　　5.11 8D 工作法 ·· 225
　　5.12 流程再造 ·· 228
　　5.13 并行工程 ·· 231
　　5.14 DAMIC 模型 ··· 234
　　5.15 德尔菲法 ·· 237
　　5.16 API 法 ··· 240
　　5.17 PDPC 法 ·· 243
参考文献 ·· 246
后记 ··· 247

7S 小组建设技术

1.1 职能管理

1.1.1 图例

表1-1　7S推行小组的组织架构图

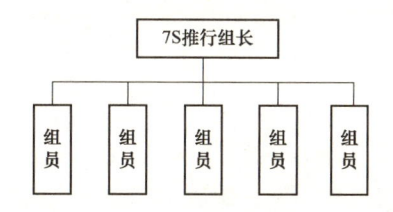

```
            7S推行组长
    ┌────┬────┼────┬────┐
   组员  组员  组员  组员  组员
```

职位名称	7S推行组长	部门	——	直属上级	执行委员长
内部协作	总经理室以及企业内其他各部门			外部协作	7S顾问公司
职责与工作内容					
职责一	负责管理7S推行小组下达给各部门的任务				权重	15%
	具体内容	1. 与推行委员会协商和确定7S推行的工作内容。 2. 与推行委员会商定7S推行的时间规划。 3. 按照推行委员会的要求，为各部门分配7S推行工作任务。 4. 就各部门7S推行情况及时与推行委员进行沟通				
职责二	参与制订7S推行政策和制度，并在企业内宣传				权重	15%
	具体内容	1. 倡导企业7S推行活动的方针和目标。 2. 在执行委员长、执行秘书协助下制订7S推行文件。 3. 在执行委员长、执行秘书协助下制订7S推行计划。 4. 对企业的7S推行制度和计划负责。 5. 积极组织员工学习7S推行文件和7S推行计划。 6. 主持7S推行会议，做好会议记录，将会议精神传达给各部门员工				
职责三	协助各部门规划7S推行中的工作内容				权重	20%
	具体内容	1. 与各部门主管明确各部门在7S推行中的工作内容。 2. 审核各部门的7S推行计划，交推行委员会。 3. 审核各部门在7S推行中的工作内容和各员工职责。 4. 就各部门与推行组织间临时变更的工作内容进行协调				

续表

职位名称	7S 推行组长	部门	——	直属上级	执行委员长
内部协作	总经理室以及企业内其他各部门			外部协作	7S 顾问公司
职责与工作内容					
职责四	全面主导企业的 7S 推行工作			权重	35%
职责四	具体内容	1. 及时跟踪和管理 7S 推行中的人、财、物,保证资源到位。 2. 召开 7S 宣传活动,强化 7S 推行气氛。 3. 配合督导员,及时落实 7S 推行工作。 4. 对各部门在 7S 推行中的表现给予关注,适时指导。 5. 及时召开阶段性会议,总结 7S 推行成果和发现问题。 6. 及时组织各部门探讨 7S 推行中的问题,找到对策。 7. 在 7S 推行中,对各部门表现进行评定,及时申报奖惩。 8. 验收各部门 7S 推行的最终结果,并对结果负责。 9. 7S 固化后,为各部门 7S 推行的长期实施提供动力			
职责五	规范管理企业的 7S 推行文件			权重	15%
职责五	具体内容	1. 及时收集和整理 7S 推行文件。 2. 及时总结 7S 推行工作,并形成书面文件。 3. 及时呈交 7S 推行报告和总结。 4. 将各类 7S 推行文件编号和归档。 5. 及时更新 7S 推行文件。 6. 及时废止过时或作废的 7S 推行文件			
职位名称	推行小组组员	部门	——	直属上级	推行组长
内部协作	协助推行组长完成企业的 7S 推行工作			外部协作	——
职责与工作内容					
职责一	服从推行组长的工作安排,全面促进 7S 推行工作				
职责二	负责 7S 推行制度和计划的具体执行				
职责三	推动培训工作、知识竞赛、7S 评比和奖惩、有奖征文等各项 7S 活动				
职责四	做好日常检查工作(上下班检查、过程检查)				
职责五	协助各部门做好异常处理				
职责六	及时了解现场异常状况,并做好记录				

1.1.2 用途

职能管理是指针对实施主体的职责和工作内容加以界定和实施,是各项行为内容的概括,是人们对管理工作应有的一般过程和基本内容所做的理论概括。

在 7S 项目推行过程中，进行职能管理能够发挥以下作用。

（1）帮助 7S 推行小组成员明确个人职能要求。

（2）帮助 7S 推行小组管理者明确自己的管理范围。

（3）为 7S 项目推行绩效判定提供参考标准。

1.1.3　适用事项

《精益 7S 现场管理自检手册》中"1.1　7S 推行小组建设标准""7.1　人员信息管理标准"。

1.1.4　使用说明

对 7S 推行小组进行职能管理时，应遵循以下步骤进行。

（1）使用职能管理图时应先确定 7S 推行小组组长的职责。这是一个非常重要的岗位，要求组长具有较高的综合素质——既要懂 7S 技术，又要懂管理。

（2）对 7S 推行小组组长，要明确其工作内容。

（3）有效指挥。明确每一位 7S 推行小组成员的职责，控制其工作成效，同时又要保证每一位成员都能够发挥出自己的才干。

（4）有效沟通。在 7S 项目推行推行过程中，及时将推行成果汇报给上级，取得理解和支持；同时还要加强与 7S 小组成员间的沟通，保证 7S 活动顺利进行。

（5）有效激励。通过激励，能够更好地提升 7S 推行小组成员参与 7S 项目推行的积极性，减少 7S 项目推行工作中存在的失误。

1.1.5　注意事项

职能管理组织架构图，能够发挥 7S 推行小组组长的管理作用。但是在职能管理过程中，还需要注意以下事项。

（1）选择 7S 推行小组组长时，一定要对其能力严格要求。7S 推行小组组长必须由熟悉 7S 项目推行操作和企业管理现状的人担任，还可以由参加过外派培训的管理者担任。

（2）7S 推行小组组长和项目经理是有一定的区别的，不仅要指挥小组成员，还要发挥每个小组成员的才干，但不掌握实际权利。

1.2 技能矩阵

1.2.1 图例

表 1-2 某车间人员技能现况

技能 员工	7S 基础知识	可视化管理	精益化生产原理	生产工艺知识	人际交往	……
员工 A	◐	◐	●	◐	◐	
员工 B	◐	◐	○	⊕	◐	
员工 C	⊕	⊕	●	◐	⊕	
……	……	……	……	……	……	……

⊕ 理论合格，不能独立操作　　◐ 能够独立操作，但需要提供指导
● 完全独立操作　　　　　　　● 全面掌握，可以教别人
○ 一无所知

1.2.2 用途

员工技能矩阵，主要用于展现员工当前所掌握的技能，是运用矩阵图来进行决策与分析的一种方法。7S 种子小组组长可参照它对员工进行作业安排。

在 7S 项目推行过程中，绘制员工技能矩阵可以发挥以下作用。

（1）能够清晰地描述员工知识技能的具体表现。

（2）能够指导员工学习，提高员工技能水平，有利于培养多能工。

（3）通过技能矩阵的前后对比，能明确显示出在 7S 项目推行过程中，对小组成员培训效果。

1.2.3 适用事项

《精益 7S 现场管理自检手册》中"1.2　7S 推行人员培训标准"。

1.2.4 使用说明

员工技能矩阵的绘制，应遵循以下步骤进行。

（1）收集员工所掌握的技能信息，如：机械设备操作、设备维护保养、基本的机械制图知识、ERP（企业资源规划）知识等。

（2）绘制员工技能矩阵。员工技能矩阵由行和列组成，将员工在第一列的每行依次列出，将生产过程中应掌握的技能在第一行的每列依次列出。在行与列交叉处的单元格内，使用相应的符号表示员工对该技能的掌握情况。如在表 1-2 中，第三行、第四列的交叉处，表示员工 B 对精益化生产原理的掌握情况。

（3）开展针对性的培训。通过员工技能矩阵图了解员工目前的技能状况后，管理者可根据企业发展需要，对 7S 小组成员及其他员工进行相应培训。常用培训方法如表 1-3 所示。

表 1-3　常用培训方法

方法	说　　明	实例
讲授法	由培训师对受训员工进行知识讲解，适用于培训各类标准	7S 基础知识等
视听法	运用各种视听教学设备为主要培训手段进行培训，适用于情景培训等	可视化管理等
案例分析法	将工作中发生的案例让受训员工分析、研究、交流，积累经验	人际交往等
讨论法	用头脑风暴等形式，让受训员工对某一问题展开讨论	人际交往等
操作示范法	培训师在现场讲授操作理论和技术规范，并要求员工及时跟随演练，同时进行纠正指导，直到符合标准	精益化生产知识等
轮岗培训法	让员工按照计划，在预定的时期内转换工作岗位，扮演相应角色，进而获得不同岗位的工作经验	生产工艺等

1.2.5　注意事项

为了保证员工技能矩阵能够清晰、合理地展现出员工的技能状况，在其绘制过程中，我们还需注意以下事项。

（1）技能矩阵中用于表示员工技能情况的符号，应能直观反映出员工的技能状况。

（2）技能矩阵与看板管理结合，以便管理者能够一目了然地看出员工的技能情况，从而合理安排工作，使生产现场人尽其责、物尽其用。

1.3 目标管理卡

1.3.1 图例

表1-4 目标管理卡

执行部门				年度				填表日期		
目标项目	权重	工作计划	执行情况	进度（%）				自我考评		处理意见和结果
				本期预计	预计累计	本期实际	实际累计	出错原因	改进方法建议	
会议记录出错率	4	0次	1次	0次	0次	1次	1次	突发事件	事先预知可能突发的状况	
文件发放及时率	3	≥99%	100%	99%	99%	99%	98%	没能领会领导要传达的意思	及时沟通与反馈	
领导评价									签名：	

注：权重："5"表示极为重要，"4"表示非常重要，"3"表示重要，"2"表示比较重要，"1"表示不重要

1.3.2 用途

目标管理卡又称目标责任书，是目标执行者（责任者）依据目标值、实现办法、完成期限、结果评价等内容，对目标进行跟踪、管理和考评的卡片，是进行目标管理的最重要工具。

在7S项目推行过程中，目标管理卡的使用能够发挥以下作用。

（1）随时跟踪7S项目的执行情况，保证7S项目工作的推行朝着目标进行。

（2）给出7S项目推行实现目标的进度计划，确保计划按时完成。

(3) 将目标的执行情况管理与绩效管理结合起来，保证过程的正确性。

1.3.3 适用事项

《精益 7S 现场管理自检手册》中"1.2 7S 推行人员培训标准"。

1.3.4 使用说明

目标管理卡记载的内容，基本包括了目标责任者在目标管理中的全部活动，依据它可以检查和评价目标执行情况，从而有效提高工作执行力。

目标管理卡的使用，一般遵循以下步骤进行。

(1) 记录和明确任务目标。任务目标是待执行时参考的工具，它可以督导我们尽最大努力去完成任务，避免出现因工作缺乏目标引导而造成的执行力低下等情况。

(2) 分析目标的可执行性。在目标管理卡中，设计"目标完成措施"一栏，列出实现工作目标的措施与办法，推动整体工作的进展。如果每个目标责任者能将工作措施和办法通过目标管理卡表现出来，那么员工就能恰当地给予配合和支持，促进目标得以快速实现。

(3) 拟定目标管理卡。目标管理卡没有统一的格式，可根据不同部门或不同任务的特点自行拟制，以满足目标管理活动的需要（可参照表 1-4）。

(4) 评价工作执行效果。工作结束后，先由目标责任人依据填写的目标管理卡对自身工作效果作出自评，再由相关人员审核评价。评价结果并与工资奖金挂钩。

1.3.5 注意事项

要想通过目标管理卡实现对 7S 项目的目标管理，还需要注意以下事项。

(1) 在拟定目标管理卡时，不应该将所有的工作职责都纳入目标管理卡中，以免鱼目混珠、没有重点或主次不分。

(2) 目标管理卡在执行过程中可能会遇到一些突发状况。在制订、执行目标管理卡时，应做好工作意外准备，体现出一定的灵活性。

(3) 在实施目标管理卡的过程中，应经常反思，发现问题，及时改善。

(4) 目标管理卡在执行过程中，还可以用来梳理第二天的工作任务，以保证接下来的工作有序进行。在每天下班前，我们应该留出 5 分钟对第二天的工作进行梳理，并形成工作计划表。

1.4 甘 特 图

1.4.1 图例

表 1-5 某生产车间 7S 推行计划表

序号	内容	工期	完成日期	进度安排					责任人	确认
				11/12	11/13	11/14	11/15	11/16		
周一：材料的准备及现场测量工作										
1	黄色、绿色、红色贴地胶带，以及黑黄相间警示胶带的申购和认领	1	11.12	□						
2	白色、黄色、红色油漆及漆刷、透明胶带的申购和认领	1	11.13		□					
3	台牌、名扎的申购和认领	1	11.12	□						
4	界刀、吹塑纸、白纸、红纸、油画笔、广告色、铅笔、尺子的申购和认领	1	11.12	□						
5	工具架、茶杯架的申购和认领	5	11.16	▭▭▭▭▭						
6	不锈钢欢迎牌、区域牌的订购	3	11.14	▭▭▭						
7	不干胶的申购和认领	1	11.14			□				
8	磁粒、磁条的申购和认领	1	11.15				□			
9	测量停车场、标语、不良品区、合格品区、上料区等区域的尺寸	1	11.12	□						
周二：现场的分区与定位										
10	1/2/3/4/5 号机台不良品箱的定位	1	11.13		□					
11	1/2/3/4/5 号机台合格品区的定位	1	11.13		□					
12	1/2/3/4/5 号机台工作台的定位	1	11.13		□					
13	1/2/3/4/5 号机台上料架的定位	1	11.13		□					
14	搬运车辆场所的定位	1	11.13		□					

续表

序号	内容	工期	完成日期	进度安排					责任人	确认
				11/12	11/13	11/14	11/15	11/16		
	周二：现场的分区与定位										
15	两个车间看板的定位	2	11.14			☐				
16	两个检验台的定位	2	11.14			☐				
17	垃圾桶、井盖、地秤、小车、工具箱的定位	1	11.13		☐					
18	原料区、辅料区、成品区、粉碎区的定位	1	11.13		☐					
19	各工作台及检验台台面的定位	2	11.14			☐				
	周三：现场的标识										
21	工具架的定位	1	11.14			☐				
22	相关照片的准备	1	11.14			☐				
23	管道流向的标识	1	11.14			☐				
24	设备上界限范围的标识	1	11.14			☐				
25	流量表及油壶的界限标识	1	11.14			☐				
26	球阀状态的标识	1	11.14			☐				
27	电器控制箱的标识	1	11.14			☐				
28	额定电压的标识	1	11.14			☐				
29	原料区、辅料区、成品区的标识限高限的标识	1	11.15				☐			
30	各种警告、消防、设备运行状态的标识	1	11.15				☐			
31	原料、辅料、成品及计量器、检具的标识	1	11.15				☐			
	周四：现场看板、平面图、检验台及标语										
32	车间平面图的制作	2	11.16					☐		
33	看板内容的准备（公司介绍、7S、组织结构、品质知识等）	1	11.15				☐			
34	检验台及工作台上的作业指导书，设备点检表、检验指导书，安全操作规程等文件的归位	1	11.15				☐			

续表

序号	内容	工期	完成日期	进度安排					责任人	确认
				11/12	11/13	11/14	11/15	11/16		
	周四：现场看板、平面图、检验台及标语									
35	欢迎牌内容的制作	1	11.15				□			
36	各机台上照片及标牌	1	11.15				□			
37	墙壁上标语的制作与悬挂	2	11.16				□			
	周五：检查总结									
38	7S区域分工及检查	1	11.16					□		
编制人： 年 月 日			审核人： 年 月 日				批准人： 年 月 日			

1.4.2 用途

甘特图（Gantt Chart）是一种线条图，横轴方向标示时间进度要求，纵轴方向标示序号、工作事项、辅助工具资源、责任人等。甘特图按反映的内容不同，可分为计划图表、进度表、负荷图表、机器闲置图表、人员闲置图表五种形式。

在7S项目推行过程中，使用甘特图具有以下作用。

（1）建立7S项目推行的规范秩序，减少工作盲目性，保证7S项目推行工作的质量和效率。

（2）有利于工作协调与安排，便于管理层对7S项目推行的过程和工作成果加以管控。

（3）约束和督促员工推行7S项目，便于提高其工作主动性。

1.4.3 适用事项

《精益7S现场管理自检手册》中"1.1 7S推行小组建设标准""7.3 作业排班管理标准"。

1.4.4 使用说明

甘特图的绘制，应遵循以下六个步骤进行。

（1）明确计划牵涉的各项内容，包括任务名称、任务顺序、工期、辅助资源、责任人。

（2）创建甘特图草图。将所有信息一一标注到甘特图上。

（3）确定任务活动依赖关系及时序进度，按照任务的类型联系起来，并安排好每项任务的进度。此步骤可以保证在计划有所调整时，各项活动依然能够按照正确的时序进行。

（4）计算单项任务的工时。

（5）确定活动任务的执行人员，并适时按需调整工时。

（6）计算总体计划的时间。

1.4.5 注意事项

在 7S 项目推行过程中，为了确保甘特图能够发挥应有作用，在绘制甘特图时，还需要注意以下事项。

（1）不管计划周期有多长，其执行过程都必须定期对目标达成情况进行追踪，并将追踪结果填入"确认"栏。

（2）甘特图直观易懂，但是工作环节之间的逻辑关系不易表达清楚，不能确定关键的工作项和时差。在对相关任务项作出调整时，如果采取手工绘制方式，工作量会比较大。因此，如果任务数超过 30 个的复杂计划，可以借助软件解决，常用软件如 Microsoft Project（或 MSP，由微软开发销售的项目管理软件程序）、ASP（高级计划与排程）等。

1.5 晨 会 制

1.5.1 图例

表1-6 某制造型企业晨会制推行样表

晨会形式 事项	公司月晨会	部门周晨会	班组（车间）日晨会
时间	每月第一天，早班前十分钟	每周一（每月第一天除外），早班前十分钟	每周二至周日（每月第一天除外），早班前十分钟
地点	公司内空地上	各部门指定地点	班组前
主持人	公司高层领导	部门主管	班组长
晨会内容	1. 总结公司上月7S推行情况和生产情况。 2. 介绍公司本月7S推行重点和生产计划。 3. 表彰上月先进部门，批评落后部门。 4. 全体员工齐声喊公司7S口号。 5. 宣布生产作业开始	1. 总结部门上周7S推行情况和生产情况。 2. 介绍部门本周7S推行重点和生产计划。 3. 表彰上周先进班组，批评落后班组。 4. 部门员工齐喊公司7S口号。 5. 宣布生产作业开始	1. 召集全班人员，点名。 2. 总结班组前一日工作情况，指出优点和不足。 3. 传达当日生产任务和上级指示。 4. 邀请表现突出的员工站到"7S大脚印"上介绍经验和做法。 5. 进行安全生产教育，提醒员工安全作业。 6. 班组人员齐喊口号。 7. 宣布生产作业开始
注意事项	1. 全体员工准时到场。 2. 着装要求：统一穿工作服，佩戴胸卡。 3. 精神饱满，列队整齐	1. 与会人员准时到场。 2. 统一穿工作服，佩戴胸卡。 3. 精神饱满，列队整齐	1. 班组人员准时到场。 2. 统一穿工作服，佩戴胸卡。 3. 整齐排成两列横队
备注	各部门负责检查该部门的员工出勤情况，并上报人事部	各班组负责检查该班组的出勤情况，由班组长上报给部门主管	点名情况计入考勤

1.5.2 用途

晨会制，是指在早班前约10分钟，召集生产员工进行信息交流、工作安排和相互问候，以达到鼓舞士气的目的。晨会制根据参加晨会员工层级的不同，可分为纵向晨会制、横向晨会制、混合晨会制。

（1）纵向晨会制是指按照企业管理结构层次安排的晨会，具体包括企业月晨会、部门周晨会和班组（车间）日晨会。

（2）横向晨会制是指企业内部同级之间（如部门与部门，班组与班组）或企业横向间进行沟通交流的晨会。

（3）混合晨会制是指不同部门、班组以及不同工种人员间一起开晨会，进行沟通、交流信息的活动。

每日召开晨会，对于 7S 项目的推行能够发挥以下作用。

（1）有利于全体员工养成遵守规章制度的良好习惯。

（2）通过开展晨会活动，能够培养全体员工文明礼貌的行为。

（3）事先进行工作安排，可有效提高工作布置效率，便于 7S 项目的顺利推行。

（4）能够锻炼管理者的表达、沟通能力，提高其管理水平。

（5）使全体员工保持良好的精神面貌，释放员工激情，使员工对 7S 项目的推进充满活力。

（6）形成独特的企业文化，有利于团队文化建设，培养员工素养。

1.5.3　适用事项

《精益 7S 现场管理自检手册》中"1.2　7S 推行人员培训标准""7.5　人员培训管理标准"。

1.5.4　使用说明

晨会召开有三个阶段，分为晨会准备、晨会举行、晨会反馈与记录。晨会实施步骤依次为晨会准备、晨会举行、晨会反馈与记录。

（1）晨会准备。晨会的主持者，通常为本部门/班组主要负责人，负责提前准备好第二天晨会的内容，包括晨会的时间、地点、形式、会议议程、作业任务、口号等，并传达给与会人员，以便员工按时到达。会前进行周密准备，以便会议内容能够被准确、迅速传达，提高晨会的效率。

（2）晨会举行。通常晨会开始前会齐喊口号，以瞬间激发员工的热情，紧接着按照会议议程召开会议。

（3）晨会反馈。晨会结束前，晨会主持者应确认员工是否准确理解指令，以确保指令传达到位。同时，由专人负责整理好晨会的各项记录，包括员工出勤情况、生产任务安排和员工反馈信息等，以保存会议成果。

1.5.5　注意事项

通过召开晨会，定期总结生产情况，传达生产指示，便于生产活动的正常开展；同时，在上班前召开会议并喊口号，有利于提高员工的精神面貌，将员工尽快带入工作状态。为了保证晨会能够顺利召开，我们还需注意以下事项。

（1）严格控制时间。晨会制要控制好时间，议题简明扼要，直奔主题。时间过长的话，无法起到激励的作用。

（2）全员出勤。所有人员必须全体出席晨会制，以保证整个团队的士气得到提升。

（3）激励为主，批评为辅。主持人应充分认识到，晨会目的之一是为了激励员工在当天中有个好的开始。如果批评过多，则容易导致员工在当天的工作中萎靡不振。

1.6 TWI 技能培训

1.6.1 图例

表 1-7　盖纳学习粉刷防风外窗时的 TWI 实例

序号	步骤	说明
1	巧妙做好培训准备	（1）做好培训前准备，工具、原料等。 （2）随前期失误进行修正。 （3）理论指导如何进行操作
2	展示操作技巧	实际操作：雇主耐心地为盖纳示范如何更专业地粉刷防风外窗，一直到盖纳掌握技巧为止
3	让学员尝试练习	雇主先是握着盖纳的手反复练习，接着又让盖纳自己尝试，在此过程中，发现问题、及时纠正。这在 TWI 中称为试执行，如表 1-8 所示
4	辅导和跟踪学习效果	雇主在展示操作技巧后，并没有停止指导，继续辅导和跟踪，一直到盖纳掌握粉刷技巧
背景说明：盖纳，美国管理学者，上学时兼职做粉刷防风外窗工作。他的粉刷技巧并没有得到雇主的认可，随后雇主手把手教他如何粉刷玻璃外窗		

1.6.2 用途

TWI（Training Within Industry），即督导人员训练或一线主管技能培训，是一项可以用来发展企业管理者技能的技术。

在 7S 项目推行过程中，进行 TWI 技能培训，能够发挥以下作用。

（1）能够训练员工对"7S"的认识。

（2）提高员工在 7S 项目推行过程中，对工作的改善能力。

（3）提升领导员工的能力。

（4）改善工作关系，促进合作。

1.6.3 适用事项

《精益 7S 现场管理自检手册》中"1.2　7S 推行人员培训标准"。

1.6.4 使用说明

运用 TWI 培养技能工作人才时,重点把握住以下几方面内容。

(1)工作指导。在 7S 项目推行中,工作指导旨在帮助督导人员对没有任何工作经验的新员工进行工作培训,这是 TWI 培训的重要内容。合理运用工作指导方法,能够有效地保证员工快速接收到正确、完整的工作指令,从而正确、安全、认真地开展工作,保证执行效果。

(2)工作方法。用 TWI 培养执行人员,还涉及工作方法的培训,它可以帮助督导人员和员工系统地分析每项工作涉及的各个层面和细节,以此确定每项任务的必要性、正确的工作顺序和附带的相关职责。这种分析工作有利于避免不必要的步骤,减少资源浪费的发生,从而提高员工的执行力。在这项培训中,最主要的是向最接近工作流程的执行人员寻求意见,并为"抗拒变革"者提供一些指导。

(3)工作关系。TWI 中的"工作关系"课程旨在为督导人员提供处理及改善执行工作关系的一些方法。此项内容的培训是非常必要的。如果一些督导人员不能有效处理员工与员工之间的关系,那么很容易出现管理者和员工个体独立的现象,这必然会影响工作效率。

(4)方案培训。方案培训是为组织内部的某些员工制订的,这些员工通过确定其培训需要,然后制订培训计划书,获得到管理层的批准后,迅速着手开展对特定人员的培训,最后通过培训反馈对培训方案的成效进行检验。由于需要这种培训的人员并不多,这项培训方案面向的对象不多。

选定所接受的培训内容后,受训人员将开始试执行环节。具体步骤说明如表 1-8 所示。

表 1-8 受训人员试执行步骤及详细说明

尝试操作步骤	详细说明
第一阶段:受训人员执行工作,无需口述	该阶段,受训人员只需进行肢体操作,不需要进行口头叙述。当受训人员能够在只有少许困难的情况下执行肢体操作部分后,就可以进入下一步
第二阶段:受训人员执行工作并复述主要步骤	该阶段,受训人员需要再次尝试执行工作,这次需要一边操作,一边重复主要步骤。这时培训员需注意纠正术语,另外同时也需要注意受训人员的表述
第三阶段:受训人员执行工作,并重复主要步骤和关键点	该阶段对受训人员来说比较困难,需要使受训人员放松心情,并给予受训人员鼓励
第四阶段:确认受训人员理解关键点	说明关键点的重要性在于能够迫使培训员验证执行工作关键点的合理性,也能让受训人员们了解为什么需要知道这些关键点

1.6.5 注意事项

运用 TWI 督导法进行员工培训时，还需要注意以下事项。

（1）要想有效实现 TWI 技能培训的效果，应保证其在执行过程中的标准化应用。而建立并完善人员培训流程，是标准化应用 TWI 技术的前提，这有助于培训工作正常、有序地进行。

（2）在完善现场培训流程后、实际培训流程开始前，还应依据不同执行工作的内容、技能，选用有针对性的培训方法，以落实 TWI 技术的标准化应用。

（3）在使用 TWI 培训时，应有效抓住 TWI 培训要点，以防止培训时"眉毛胡子一把抓"，对标准化应用 TWI 技术产生不良影响。

1.7 OJT 培训

1.7.1 图例

表 1-9　针对不同层别员工的 OJT 培训计划书

序号	员工层别	要　点
1	新进人员	（1）授予正确的基本动作。 （2）授予相应的理论知识。 （3）教导与工作相关的基本事项
2	资深员工	（1）要使其认清自己在公司的地位，肯定其关键与骨干地位。 （2）在工作方面的指导，要培养其与所负责职务有关的专业知识。 （3）指导中坚员工时，要给予其较大的压力，分配较多工作。上司只需在授权后观察结果的演变，再适时给予建议继而，不必过多干涉
3	中高年龄层员工	（1）承认、赞美这部分员工的优点。 （2）把他们当做前辈，敬之，但是不可另眼相看。 （3）扩大其工作内容，增加工作情趣。 （4）赋予他们彰显"绝技"的工作，使他们以己为荣

表 1-10　不同状态员工的 OJT 培训计划书

序号	人员状态	要　点
1	有能力，没有干劲	（1）调查其失去干劲（或提不起干劲）的原因，是家庭原因、制度原因、薪酬原因还是沟通原因等。 （2）根据原因采取适当的对策，以调动积极性
2	没有能力有干劲	（1）分析其能力低下的原因，如其能力有提高的余地和可能性，就要对其进行必要的培训和指导。 （2）如果确实无法提高，则应调整工作岗位，让其从事能力适合的工作
3	没有能力，也没有干劲	（1）为之分配较简单的工作，使之得到成功的经验，进而对工作产生兴趣。 （2）一旦对工作产生兴趣后，再向之灌输工作上所必要的知识、技巧，并使其了解上司对他们的期待。 （3）对于努力之后仍不见起色的员工，要予以淘汰
4	有能力，有干劲	（1）注意避免阻碍其干劲的发挥，对其充分授权。 （2）为之设定超过其能力的目标，让他本人也参与目标的设定。 （3）对其犯下的小错误，要抱持宽容的态度

续表

序号	人员状态	要点
5	缺乏基本工作态度	对于这类员工的管理，抓住以下几个要点。 （1）让员工们了解，为什么这种特质或态度（指责任感、协调性、挑战意愿及敏感性）在工作场所中如此受到重视？ （2）如果要具备这种特质，在日常工作中应怎么努力达成？为什么成为一个标准的职业人或社会人需要拥有这些资质？ （3）在进行日常指导时，管理者要率先做好示范

1.7.2 用途

OJT（On the Job Training）法，主要是指上司和技能娴熟的老员工通过日常的工作对下属、普通员工和新员工进行必要的知识、技能、工作方法等方面的教育。

在 7S 项目推行过程中，进行 OJT 培训能够发挥以下作用。

（1）通过现场指导可以让员工更加直观地了解执行过程，从而加快学习进程，提高执行准确性。

（2）增强管理者与员工的联系，促进企业全员参与到 7S 活动中来，并使得管理者与员工双方技能在作业指导过程中都得到提升。

（3）减少管理者压力。基层管理者、老员工、骨干能够独立完成工作，而不依赖于中高层管理者，大大减少了管理者自身的投入和工作压力。

（4）减少培训成本支出。无论从资金、人工还是时间上而言，运用 OJT 法培训新员工花费的成本都要低于专门培训的成本。

1.7.3 适用事项

《精益 7S 现场管理自检手册》中"1.2　7S 推行人员培训标准"。

1.7.4 使用说明

实施 OJT 培训，我们一般采用"四步法"进行。

第一步，学习准备。让培训对象平心静气，告诉他将做何种工作，了解他对该工作的认识，告诉他培训目标，营造学习的氛围，引导其进入正确的状态。当然首先是要确定他有心学习。

第二步，转授工作。将培训的工作内容分解，按步骤一步一步地讲给他听，做给他看，强调要点，并告诉他注意事项，转授要清楚、耐心、完整，不要超出他的理解能力。

第三步，试做。让员工试做，重点是要有人监督，帮助他改正错误。并让他一边试做，一边说步骤和注意事项。

第四步，考核。请员工开始工作，指定协助人，常常检查，鼓励发问，逐渐减少指导，直至无人指导和监督。必要时进行考试，考试内容就是操作内容。

OJT 培训的内容大致如下。

（1）实施 OJT 培训前，首先掌握培训者的工作情况，技能情况。即熟悉培训对象。

（2）给培训者明确指出培训目标，以及通过培训要让他们达到什么标准。即指明培养目标。

（3）明确告诉培训者，现在他们的水平和希望达到的水平之间差距还有多大。即指明差距。

（4）明确告诉培训者，为了消除这个差距，实现目标，需要在哪些方面学习，怎么学习，学习多长时间。即给出长期的学习与培训的计划。

（5）进一步拟出详细的学习、培训内容项目与日程。即拟定短期内、阶段性的学习、培训计划。

1.7.5 注意事项

OJT 不仅是一种有效的培训手段，更是一种培训观念，如果能够把这种理念导入日常管理活动当中，无论是管理层的管理，还是员工的工作，都将发挥更大的效力。为了保证 OJT 培训的顺利实施，还需要注意以下事项。

（1）把握培训对象的现状。帮助下属提高自身技能，首先需要把握下属的现状，包括出勤情况、烦恼、存在问题及能力发挥情况。在此基础上对其进行指导，能更好地提升其技能。

（2）要有正确评价培训对象的眼光，重视过程，而不是结果，不用或少用绝对的眼光去看待培训对象。

（3）在使用 OJT 方法对员工进行技能培训前，需要先制订计划。有完整的工作指导理念，避免无章可循，不成系统。

（4）使用 OJT 方法进行的员工技能培训，应及时用反馈验证培训的效果。以便在提高员工工作技能的过程中发现具体实施方案的不足，管理者可以根据这些不足作出调整，达到提高员工技能的效果。

1.8　SMART 法

1.8.1　图例

截至 2014 年 3 月 25 日，生产一车间要完成客户 W 的订单，确保产品不良率低于 1.5%。如生产一车间出现产能异动，可调用多能工协助完成该订单。

目标设定解读如表 1-11 所示。

表 1-11　目标设定解读

目标要求	解　　读
S	由生产一车间来生产客户 W 的订单
M	完成客户 W 的订单，且将不良率控制在 1.5% 以下
A	根据产能做生产计划，如出现产能异动可调用多能工
R	生产一车间是专门生产该订单产品类型的车间

1.8.2　用途

SMART 法能清晰、准确地描述工作目标，按照此方法制订的目标更容易被执行和达成。因而，SMART 法被视为一种有效的目标制订方法。

确切地说，使用 SMART 法的意义主要有以下四个。

（1）将 7S 项目推行目标细化，解决"目标难以理解"的问题，让目标简单明了、易于把握。

（2）解决"目标设定不够清晰"的问题，让其变得具体化。

（3）解决"目标不够切合实际"的问题，让其更贴近现实。

（4）设定最后期限，让目标能够在可控的时间内完成。

1.8.3　适用事项

《精益 7S 现场管理自检手册》中"1.2　7S 推行人员培训标准""7.5　人员培训管理标准"。

1.8.4 使用说明

在分析和解读目标过程中,可以运用 SMART 法将目标细化成一个个可以看得见、摸得着的具体目标。这样,不仅保障了 7S 项目推行的有效性,而且也为执行过程中的绩效评估提供了具体依据。SMART 原则的具体说明如表 1-12 所示。

表 1-12 SMART 原则的具体说明

SMART 原则	内容	含义	说明
S	Specific	目标是具体的	细化目标时,我们应保证它们都是具体的。在很多情况下,执行力不足的原因是目标定得模棱两可
M	Measurable	目标是可衡量的	可衡量的目标可以帮助我们量化行为,同时演化为绩效考核的标准
A	Attainable	目标是可达到的	制订的目标要保证可以实现,切合实际。如果制订的目标遥不可及,就算目标再大,也会由于无法执行成为空谈
R	Relevant	目标是相关的	目标的制订应与自己的工作、组织的工作有一定的相关性。如果达成的这个目标与工作完全不相关,或者相关度很低,那么即使这个目标被达成,其创造的价值也不大
T	Time-based	目标是有明确截止日期的	对于指定的目标,一定要有明确的截止日期,因为没有时间限制的目标是没有约束性的,自然难以保障作业效率

在推行 7S 项目的过程中,利用 SMART 法规范日常工作,可以按照以下步骤进行。

(1)列出工作任务清单。首先需要将自己能够想到的待处理任务全部罗列在清单上,任务要尽量详细,以免遗漏。

(2)用 SMART 法规范任务。在列出工作任务清单之后,我们需要按照 SMART 法对这些任务进行分析与规范。

(3)列出任务执行明细。在任务清单的基础上,用 SMART 法规范好每一项任务后,下一步需要做的就是列出任务执行明细。在制订任务执行明细时,要综合考虑个人能力、发展潜力及资源条件等因素,细化目标任务的表述。

1.8.5 注意事项

使用 SMART 法能够准确理解和描述 7S 项目推行目标。为了更好地应用 SMART 分析法，我们需要注意以下事项。

（1）运用 SMART 法设定目标并非是最终目的，重要的是实现目标。所以在设定目标的过程中，一定要选准目标。

（2）运用 SMART 法确立目标后，在执行中，应时刻以结果为导向进行工作，使经营管理和日常工作中表现出来的能力、态度等都要符合结果的要求。

（3）不要让过程取代目标。在工作中，有些人依据 SMART 法制订出了有效的目标，但在执行时，却渐渐地被如何解决这项工作的方法、技巧等困扰，反倒忘了对最终目标的追求。

1.9 目标展开图

1.9.1 图例

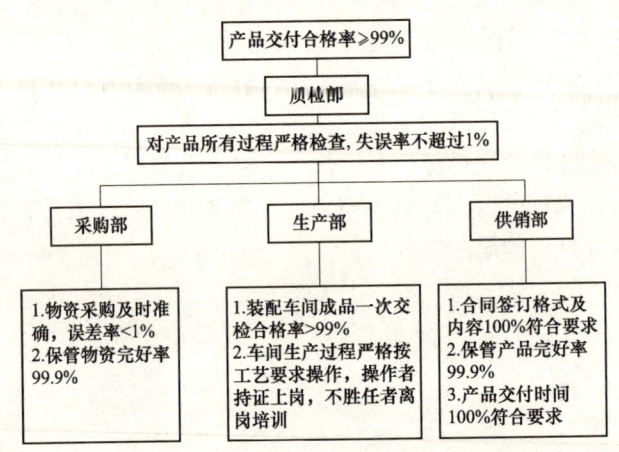

```
             产品交付合格率≥99%
                    │
                  质检部
                    │
       对产品所有过程严格检查,失误率不超过1%
                    │
      ┌─────────────┼─────────────┐
    采购部         生产部         供销部
      │             │             │
1.物资采购及时准  1.装配车间成品一次交  1.合同签订格式及
  确,误差率<1%    检合格率≥99%        内容100%符合要求
2.保管物资完好率 2.车间生产过程严格按  2.保管产品完好率
  99.9%           工艺要求操作,操作者   99.9%
                  持证上岗,不胜任者离  3.产品交付时间
                  岗培训                100%符合要求
```

图 1-1 某乳制品"产品交付合格率≥99%"目标展开图

1.9.2 用途

目标展开图是直观形象地展现企业、部门、个体的目标与目标责任的图表。它为众多企业所采用,将目标和实现目标的对策等主要内容公布于众,有利于全体人员的共同执行。

在 7S 项目推行过程中,使用目标展开图具有以下作用。

(1) 具体形象。可以直观、形象地展示 7S 项目推行的目标与目标对策,使各岗位都清楚自己的目标与目标责任。

(2) 关联。能显示各个目标之间的关系,使各岗位都知道与自己有关岗位的目标责任;知道各个时期的主要工作,便于协作工作。

(3) 控制。便于管理者对众多目标进行管理,有利于从总体上控制目标管理活动。

1.9.3 适用事项

《精益 7S 现场管理自检手册》中"1.2 7S 推行人员培训标准""7.5 人员培训管理标准"。

1.9.4 使用说明

理清 7S 项目推行的任务目标后，管理者要及时将目标落实到每个员工身上，以保证团队目标的实现。在分解目标时，可以通过目标展开图将目标分解为可执行的作业单元。具体有以下方法。

（1）将大目标分解成小目标。将大的或者宽泛的目标分解成具体可执行的目标，并且能保证目标和行动计划之间的关联性。

（2）全面确认各个小目标。大目标经过分解后，获得多个小目标，接着需要对这些小目标进一步确认。

（3）制订目标展开图。在完成目标分解与确认的基础上，制订目标展开图，以对目标进行管理。

目标展开图的编制过程如下（以图 1-1 为例）。

（1）制订质量方针和目标，针对目前所存在的状况对公司的内外部环境进行了分析，并在此基础上对原来的质量方针和目标进行修订。

（2）将质量目标分解到各环节。修订好质量方针和质量目标后，质量主管利用目标展开图，将质量目标分解到各环节，明确各部门应做的事情，保证执行效果，确保提升产品质量。

（3）明确责任，落实到个人。利用目标展开图将质量目标分解到各环节，对目标的落实十分有利，但这样的目标还比较笼统，需要进一步细化。

1.9.5 注意事项

使用目标展开图，将工作任务细化成可执行单元时，需要注意以下事项。

（1）分目标与总目标要保持一致。在利用目标展开图分解目标时，应保证各分目标与总体目标的方向一致，这是保证执行结果正确性的必要条件。

（2）按照目标责任授权。权责相应是管理的基本原则，有权无责必然出现不负责的官僚主义，有责无权无法进行管理。在利用目标展开图明确目标和目标责任时，应按照目标责任授权，充分调动人们的积极性，以利于目标的实现。

（3）做好执行计划。计划是连接现实和目标之间的桥梁，是落实目标展开图的主要手段。即使将来的所有情况都可以确定，在执行工作时，我们也必须做好计划，只有这样，我们才更具执行力。

1.10 SWOT分析法

1.10.1 图例

优势(S)	劣势(W)
1.公司总体目标及战略清晰 2.产品线95%齐全 3.产品市场认可度高 4.价格战略被市场接受 5.库存齐全	1.缺少有决策能力的管理者 2.技术工程师、分销人员不足 3.团队精神差，缺少沟通 4.职责不清，推卸责任 5.零部件不全，影响售后服务 6.经营网络、客户网络零散 7.宣传促销少，市场运作差 8.销售人员积极性差，工作不仔细
机遇(O) 1.市场潜力大 2.国内经济状况好 3.卖方市场	威胁(T) 1.竞争对手经销网络齐全，销售额渐长 2.竞争对手市场宣传力度大，经常搞产品讲座及展会 3.竞争对手销售及服务队伍积极主动

图1-2 某公司用SWOT分析法做竞争分析

1.10.2 用途

SWOT分析法（也称TOWS分析法、道斯矩阵）即态势分析法，是对竞争中的优势（Strength）、劣势（Weakness）、机会（Opportunity）以及威胁（Threat）进行分析，以做出决策的一种方法。

在执行工作中，SWOT分析法经常被用于制定企业战略，即对企业自身的内在条件和外部环境进行分析，找出企业的优劣势、面临的机会和威胁，确定企业核心竞争力之所在，从而将公司的决策与公司内部资源、外部环境有机结合，让企业战略变得更具有执行力。

而对于7S项目推行而言，使用SWOT分析法可以发挥以下作用。

（1）了解7S项目推行工作中的优势和劣势，包括个体的和部门的。

（2）在7S项目推行工作中充分发挥自己（部门）的优势。

（3）劣势由他人（其他部门）弥补，相得益彰。

1.10.3 适用事项

《精益 7S 现场管理自检手册》中"1.1　7S 推行小组建设标准""10.2　7S 标准推广管理标准""11.2　7S 改善提案管理标准"。

1.10.4 使用说明

通过 SWOT 分析法，可以对 7S 项目推行工作中的各要素进行分析，帮助组织或个人整合资源，进而把行动聚集在优势或机遇上，保证目标的有效执行。

下面是在 7S 项目实际推行工作中，具体运用 SWOT 分析法的步骤。

（1）确定分析的问题。如果要解决的问题模糊，或确认不准确，会导致 SWOT 分析七零八落，分析的结果也无法落实，最终会浪费资源，甚至导致决策错误，影响执行效果。

（2）运用 SWOT 分析法。为了更加有效地执行工作，在确定好需要分析的问题后，可以运用 SWOT 法进行心头脑风暴，分析目前的内外部环境因素，为制订策略提供依据，如表 1-13 所示。

表 1-13　SWOT 分析法的分析内容

分析内容	说　明
分析优势	分析企业在 7S 推行过程中的优势，充分利用优势，可以提高 7S 推行的效率
分析劣势	在 7S 项目推行工作中得知劣势，便于及时改正和规避
分析影响 7S 推行的潜在因素	在 7S 项目推行过程中，机遇是发展的突破口，但是有些机遇却总是转瞬即逝，我们应该及时抓住机遇，才能保证预期目标的实现
分析对 7S 推行产生危机的外部威胁	在 7S 项目推行过程中，往往存在着一些来自外部的威胁，这些因素是于 7S 项目的推行中潜在的危险。如果我们能够在危机还没有出现之前发现，就能够采取措施将 7S 推行过程中的威胁降到最小

（3）制订策略。SWOT 分析的最终目的，是依据分析结果制订策略，以此抓住机遇、改善劣势、避开威胁。

1.10.5 注意事项

进行 SWOT 分析，能够客观分析现状，实施资源整合。为了使分析结果更加合理，还需要注意以下事项。

（1）避免判断标准单一化。如果采用单一的判断标准，对内外部因素的了解会很有限，难以准确定位解决问题的关键点，进而影响工作的有效执行。

（2）避免静态分析。SWOT法通常是在某一时点上，对内外部因素进行分析，然后给出优势、劣势、机会和威胁的判断结果。其实，内部条件和外部环境不是一成不变的，其总在不断地动态变化着。

（3）避免个人主观臆断。在7S推行工作中，SWOT分析法采用定性分析的方法，通过罗列优势、劣势、机遇和威胁的各种表现来分析战略、竞争情报等。

1.11 工作清单

1.11.1 图例

表1-14 生产车间日清日结工作表

部门		产品事业部		班组	××班组
班组长姓名		李××		日期	2014.10.24
序号	完成情况	任务内容	执行时间	协作/资源说明	成果提交
1	√	召开晨会	07:50	全员参与	□是 □否
2	√	生产前确认	08:00	设备巡检、首检	□是 □否
3	√	巡线	09:00-11:00	处理生产过程中的突发情况等	□是 □否
4	√	新员工培训	14:00-15:00	——	□是 □否
5	√	与员工沟通	16:00	——	□是 □否
6	√	产品完工验收	17:30	产品质量抽检	□是 □否
7	√	下班前准备	17:40	卫生检查，设备保养等	□是 □否
8	√	填写日报表	17:50	——	□是 □否

1.11.2 用途

工作清单是按照时间顺序将工作任务罗列出来，以方便我们在7S项目推行过程中参考使用。

在7S项目推行过程中，工作清单的使用可以给我们带来以下好处。

（1）明确7S项目推行的工作任务，避免由于遗漏任务而造成损失。

（2）便于我们有序开展每日7S项目推行工作。

（3）避免7S项目推行因缺乏统筹而导致执行力低下等问题。

1.11.3 适用事项

《精益7S现场管理自检手册》中"1.1 7S推行小组建设标准"。

1.11.4 使用说明

工作清单的制订，可以遵循以下两个步骤进行。

（1）列出工作清单。将所有待处理任务一一罗列在清单上，力求全面、详细，避免遗漏。

（2）合理评估执行能力，凡事都要量力而为，制订工作清单也要考虑这一点。工作清单在制订时，可将重要的事情放在前面，优先处理。对于一天无法完成的工作，应自动划到第二天去完成。

1.11.5 注意事项

工作清单的制订，能够明确班组的工作任务和预期目标。为了更好地发挥工作清单的作用，在制订工作清单时，还需要注意以下事项。

（1）根据实际需要，分别制订以日、周、月度为周期的工作清单。

（2）在制订工作清单时，应考虑实际情况，以确定是否能够完成该清单。

（3）在制订工作清单时，应视员工的实际情况不同而有所区别。

（4）工作清单上，任务与任务之间应留有一定的空闲时间，用来处理突发性事件。

1.12 素质教育

1.12.1 图例

表1-15　员工7S职业规划

姓名	目标	成长记录		
		2014.3.30	2014.7.31	2014.10.30
张某	能够对成员进行7S指导	对所负责区域的7S进行基本的维持	7S指导能够达到标准的一半以上	基本可以胜任对其他人的7S指导
李某	能够维持自己区域的7S	很好完成工具整理工作	很好地完成零部件的整理、整顿	可以随时拿取和归还工具
王某	工作能够按7S规范执行	用完的物品可以放归原位	能够进行自我检查	能够每天坚持自我检查
赵某	工作能够按7S规范执行	凡事都能事先准备	事后须提醒才进行7S	能够做到事后进行7S

1.12.2 用途

素质教育是提高员工综合素养的最佳途径。素质教育可以为员工提供大量的知识和实践机会，还有助于员工摆脱自身在认识上的局限性，从而扩大视野。

对员工进行素质教育，对7S项目的推行具有以下几点作用。
（1）提高员工对7S的认识，使其意识到7S的重要性。
（2）配合7S推进，以便能够快速取得成果。
（3）便于企业持久推行7S活动。
（4）为企业员工培训提供依据和方法。

1.12.3 适用事项

《精益7S现场管理自检手册》中"1.2　7S推行人员培训标准"。

1.12.4 使用说明

在开展素质教育时，推行人员不能仅宣传这样做好或者不好，而应把握好工作指示。工作指示是辅助、演示工作的一种手段，它可以直观地让员工看到某种操作的优点和缺点。所以在进行素质教育时，应遵循以下步骤。

（1）把握指示的时机。7S 推行小组在向员工发出新的指示前，应准备好 7S 项目的推行。

（2）工作指示要点。7S 推行人员在推进 7S 项目时，要依据 7S 项目计划分解任务，将任务合理分配给每一个人。通过这样的方法，让员工感受到 7S 项目的具体内容，而不是仅仅停留在概念上。工作指示的要点如下所述。

> 指示场所应该设在现场，而非办公室。
> 指示应针对不同对象，不同部门的 7S 教育内容也不同。
> 在 7S 项目推行初期，员工会面临各种问题、难点，因而对于每个推行步骤，推行人员都应对员工进行详尽的指导。
> 明确目标期限，例如红牌作战期限。
> 依据 7S 各阶段标准作出指示。

1.12.5 注意事项

在利用现场指导教育员工之外，还应注意其他事项，这些内容有助于提高现场指导的效果。

（1）日常工作中开展指导。员工素质教育应融入日常工作之中，而不应搞运动式的活动。具体要做到以下几个方面。

> 在晨会或工作结束后，向全员详细地阐述。
> 将事项或数据、资料以看板方式展现。
> 定期召开会议，以实现信息的全员共享。
> 听取员工的意见，必要时采纳其意。
> 明确 7S 项目推进中的主要课题和目的。

（2）用正确的方法指出员工错误。员工在长期的 7S 项目推进过程中，难免会出现错误，例如桌面不能保持整洁，该丢弃的物品没有丢弃等。此时，7S 推行小组就要指出员工的不当之处。错误指正规范如表 1-16 所示。

表1-16 错误指正规范

步骤	流程	内容说明
1	阐明规范目的	（1）阐述规则目的。与当事人充分说明制订和遵守规则的目的。 （2）用事实说话。告诉当事人错误发生的详细情况。 （3）针对具体违反规则的事项，说明其危害及应有效果
2	指出工作要求	（1）协助当事人确定在工作中应遵守那些规则。 （2）指导当事人制订工作检查标准，以便进行自检。 （3）与当事人的沟通完成后，要求当事人立即按要求执行
3	确认遵守现状	（1）确认并和详细记录所有违规事项的相关内容。 （2）分析员工为什么不能遵守既定规范。 （3）总结原因，找出永久性应对对策
4	指导	（1）违反规范的个体，应在沟通后，确定原因和对策。 （2）指导和监督其重新展开工作
5	检查执行情况	（1）检查之前违规员工遵守规范的情况。 （2）评估员工普遍遵守规范的情况。 （3）就检查中发现的问题，总结原因，拿出对策
6	再次教育	（1）对各类规范进行整理，将普遍无法遵守的规范挑出来。 （2）总结员工为什么无法遵守这些规范，提出对策。 （3）召集相关人员，再次针对规范的目的进行教育

1.13 授权管理

1.13.1 图例

表 1-17 授权管理分配表

权力分类	权力内容	班组长	种子小组成员	种子小组组长	种子小组组长上司	企业最高管理层
人权	人事任用权			△	◆	●
	人事罢免权			△	◆	●
	人事指挥权			◆	△	●
	人事考核权	▼	△	◆	●	
	人员给薪权			△	◆	●
	人员奖惩权		△	▼	●	
财权	资金预算权	△		◆	●	
	资金支付权			◆	●	
	资金使用裁定权	△	△	△	◆	
	资产使用权	▼		△	●	
	资产处置权	△		△	◆	
事权	工作内容选择权	△		◆	●	
	工作目标要求决定权	△		◆	●	
	工作考核标准决定权	△		◆	●	
	工作时间限制决定权	△		◆	●	
	工作方式选择权	▼		△	●	
	工作场所选择权	△		◆	●	

说明:"△"表示建议权,"▼"表示直接实施权,"◆"表示裁定权,"●"表示最终裁决权。

1.13.2 用途

授权管理是指领导将一定的职权或职责分配给合适的员工,由员工负责完成授权范围内的管理或事务性工作。授权是一门管理的艺术,充分合理的授权能使管理者们不必亲力亲为，从而把更多的时间和精力投入到企业发展上，以及如何引领员工更好地推行 7S 项目。

确切地说，向员工适度授权在 7S 项目推行过程中有下面几个用途。

（1）管理者可以留出更多的时间做更重要的事情。

（2）实现员工在工作中的权责对应或权责统一，避免无授权情况下的消极工作、或不敢执行。

（3）调动员工工作积极性，充分发掘下属的潜力。

（4）锻炼并提高员工的执行能力，避免事事依赖主管。

1.13.3 适用事项

《精益 7S 现场管理自检手册》中"1.1 7S 推行小组建设标准"。

1.13.4 使用说明

使用授权管理的具体步骤，如表 1-18 所示。

表 1-18 授权管理的应用

步骤	内容	说明	示例
1	明确授权范围	授权之前，需要明确授权的范围。除示例中所列举的内容外，都可以考虑授权给下属去做	（1）认识或机密事务。 （2）制定政策的事务。 （3）上级钦点的事
2	做好授权过程安排	明确了授权范围，还要做好授权过程安排，以保证授权的有序进行	（1）拟定授权计划，如表 1-19 所示。 （2）具体化每个人的授权责任。 （3）思考授权需要的结果
3	监督授权实施	为了确保授权效果，授权者需要对授权工作进行跟踪与监督	（1）受权者根据工作进展的实际情况与计划表做对比，定期（通常为一周或一个月）向管理者进行报告。 （2）为工作任务圈定关节点或划分任务的分段点，每到关节点或分段点时对授权方案进行调整，或是对下属工作提出相应的奖惩。 （3）给予下属一定的心理支持，积极主动地了解下属在工作进程中可能出现的难题

表 1-19 完备的授权计划内容

内容	说明
授权工作任务	包括授权任务的范围、时间要求、特性以及需要达成的结果等
授权工作细节	包括授权工作的职责范围、特殊的要求以及各环节的关键点等细节内容等
权利需求	包括满足授权工作需要的人力、财力、物力以及时间等
授权人员资料	包括授权人员的水平、能力、主动性强度以及以往的工作经历和培训等
授权人员培训	包括授权人员的培训方法、性质、时间以及成本等
管理者自身职责	包括监督、辅助下属并帮助他们实现的手段等
反馈方法	包括被授权人员汇报工作的频率以及方法等

1.13.5 注意事项

合理授权能够落实个体责任。在授权过程中，还需要注意以下事项。

（1）充分信任下属。

（2）包容下属的过失。下属工作时难免会出差错，如果不严重影响到组织的整体状况，管理者需包容他们的过失。

（3）培养下属的独立性。员工在执行过程中遇到困难时，尽量让他们自行解决，以防下属对管理者产生过多依赖。

1.14 7±2 法则

1.14.1 图例

表 1-20 某企业 7±2 法则应用表

内容	说明	示例
因人而异组合信息块	根据员工岗位调整信息块	（1）各部门主管必须熟练掌握"7S"内容。 （2）一线员工，了解 7S 项目推行过程中对工作的要求
	根据员工年龄调整信息块	
构造最大的信息块	人们对信息块的接受能力在 7±2 个的范围里	7S 项目推行工作完成比较出色的话会得到更高的绩效奖金
重要信息块放在前面	把重要的信息块放在最前面，避免因外界的干扰使员工遗漏了重要信息	（1）阐述 7S 项目推行给员工带来的利益。 （2）阐述 7S 项目推行给企业带来的利益。 （3）其他

1.14.2 用途

7±2 法则，是用来表示人的记忆容量的，具体指人们在每次记忆时通常能记住的信息块数量在 7±2 个范围内。需要注意的是，这里的 7±2 并不是指数字。而是"信息块"的数量。

7±2 法则在 7S 项目推行过程中，能够发挥如下作用。

（1）通过 7±2 法则，管理者能够明确员工接受信息的能力。

（2）根据 7±2 法则，管理者在与员工的沟通过程中能够划分好各种信息块，对员工进行针对性的交谈。

1.14.3 适用事项

《精益 7S 现场管理自检手册》中"1.2　7S 推行人员培训标准"。

1.14.4 使用说明

7±2 法则的应用，应遵循以下步骤进行。

（1）明确信息要点。在与员工沟通前，应先抓住要点，冗长的信息会使员工难以抓住实质性的内容。在每次沟通前可以询问自己以下几个问题。
- ➢ 此次需要传达几个信息？
- ➢ 哪个信息最重要？
- ➢ 每个信息的目的是什么？
- ➢ 是否有些信息可以合并为一处传达？

（2）减少信息块数量。在沟通时，应在明确原有信息要点的基础上，将有效信息块过滤到 7 个以内。

（3）提高语言条理性。可以从以下几个方面着手。
- ➢ 说话前打好腹稿。
- ➢ 分清要点。
- ➢ 用肢体语言加以辅助。
- ➢ 有意识地使用语言。

1.14.5 注意事项

为了使 7±2 法则，能够发挥作用，实现交流过程中表达合理化、信息明确化，还需要注意以下事项。

（1）避免超限效应。可以从两个方面着手。
- ➢ 减少信息传递的次数。
- ➢ 不要在交谈中就某事纠缠。

（2）对话要完成闭环。不论是下达还是接受任务，都要在对话结束后确定，以保证信息传递准确，没有被误解。

（3）有效的回答来自正确的提问。面对工作任务时，要想深刻全面地了解工作任务，必须有正确的提问方法。一般情况下，可以通过以下几点来提问。
- ➢ 您对整个 7S 推行的定位是什么？（找准工作方向）
- ➢ 我们 7S 的推行最后要达到什么样的效果？（弄清工作诉求）
- ➢ 您的意思是不是……（总结对方观点，获得确认）
- ➢ 您刚才说的是不是这个意思……（复述对方的话，针对具体疑问发问）

1.15 消除位差

1.15.1 图例

表 1-21　失误沟通反思表（样表）

简要描述失误沟通的情景：	
信息（体验）	你的所见、所闻和所感，回顾以往工作经历，你漏掉了什么
选择信息	在全部的可选择信息中，你选择哪些作为关键点？你是基于什么进行选择的？你漏掉了什么
理解并添加含义	在所选信息中，你如何理解它们？你是如何把自己的曲解加入该经验中的
设定假设	你设定了哪些假设，是有规律地设定这些假设的吗？现在看来哪些假设是无正当理由的
基于你的信念得出的结论	你是基于什么得出结论的？一般而言，你得出结论所依据的基本原则是什么
根据结论采取行动	你能够回顾自己的推论过程吗？你在哪儿偏离了轨道

1.15.2 用途

消除位差是指消除因地位不同而造成的不平等沟通现象，以达到平等交流。它建立在美国加利福尼亚州立大学研究结果的基础上：不平等的沟通会使沟通的效果变弱，信息就像被漏斗过滤一样，在沟通的过程中逐渐减少。不平等沟通的信息漏斗如图 1-3 所示。

在 7S 项目沟通过程中，7S 推行人员要特别注意消除位差，其意义主要包括以下几点。

（1）消除位差能增强上下级之间的协调沟通能力，使他们在 7S 项目推行过程中价值观等方面达成一致。

（2）消除位差能使上下级之间、部门之间的信息对称流动，让交流更为畅通，保证 7S 项目推行能够顺利进行。

（3）消除位差能够达到平等沟通，减少上下级之间信息传递的误差，保证执行效果。

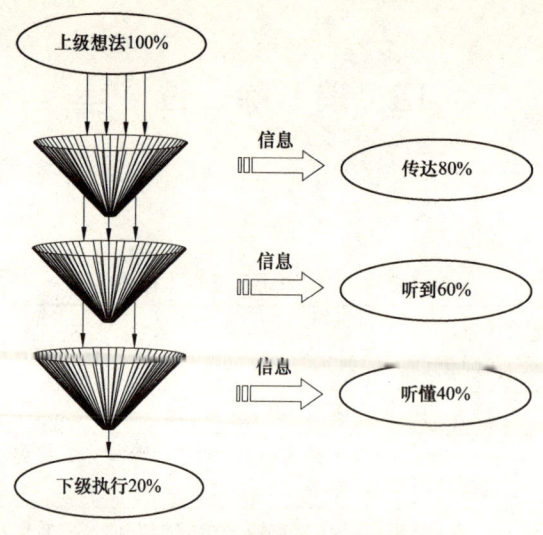

图 1-3　不平等沟通的信息漏斗

1.15.3　适用事项

《精益 7S 现场管理自检手册》中"1.2　7S 推行人员培训标准"。

1.15.4　使用说明

阻碍执行工作顺畅交流的因素很多，但最主要的还是沟通位差造成的沟通障碍和心理隔阂。所以，在沟通过程中，应采用以下方法来消除位差。

（1）营造良好的沟通氛围。它的有效建立，有利于消除位差，减少 7S 项目推行过程中的沟通阻碍。

（2）保证沟通渠道多元化。在 7S 项目推行过程中，我们最常见的沟通渠道是书面报告及口头表达。但是前者容易掉进层层报告、"文山会海"中，失去沟通的效率性，而后者则易被个人主观意识左右，无法客观地表达。通过多元化的沟通渠道，能够较为真实地反映 7S 项目推行项目过程中员工的一些思想情感和想法。

（3）掌握沟通技巧。适当地应用各种沟通技巧，可以有效地消除沟通中的位置效应，从而使执行工作达到有效沟通。

① 消除与一般员工位差的沟通技巧。在 7S 项目推行过程中消除位差，主动权在 7S 推行人员和管理者手中。因此，7S 推行人员和管理者要主动与员工沟通，用自己的诚意，消除员工的心理障碍。具体技巧有以下几个。

➤ 用易懂的话语沟通。与员工沟通时使用过多的专业术语，员工就算不懂，也不好意思开口说不懂，彼此之间必定产生沟通的障碍。

➤ 不要带有色眼镜看员工。也许员工曾经犯过错误，但是已经改正了，就算正在改正当中，在与他们沟通的过程中如果戴着有色眼镜，会使员工产生一种负面情绪，不愿意与 7S 推行人员和管理者沟通。这样也就不能提升沟通的效果，消除位差。

➤ 收起自己的坏情绪。具体来说，在与员工沟通之前，深吸一口气，微笑，暂时忘记那些不愉快，愉快地接受一场心与心的沟通。

② 消除与管理者位差的沟通技巧。作为 7S 推行人员，也应该主动消除与管理者的位差，这样才能弥补管理者由于工作繁忙和没有具体参与执行工作而忽视的沟通。具体来说，应注意下面几点。

➤ 要适应管理者的工作习惯，避免沟通的不愉快。如：管理者的时间安排如何，管理者喜欢的沟通方式等。

➤ 要做好充分的准备。如：找管理者沟通的原因，告诉管理者什么内容或者想从管理者那里获得什么信息等。

➤ 要给管理者思考的时间。既不要急于求成，也不要消极等待，适时对管理者进行督促。

➤ 要理性与管理者沟通。在沟通的过程中要有礼貌地与管理者讲道理、仔细探讨你的观点。

➤ 要把握重点。管理者的时间总是很宝贵的，在沟通的过程中要抓住你的问题重点，不能泛泛而谈。

1.15.5 注意事项

为了能够消除 7S 项目推行过程中的沟通不良，保证上下同心，使用消除位差沟通法时，还需要注意以下两点。

（1）消除心理定势，即上级的优越感和下属的卑从感，这种心理上的不平等会造成沟通上的不平等。所以，在消除沟通位差的过程中，必须注意消除心理定势的影响。

（2）及时反馈。在 7S 项目推行工作中进行交流时，及时反馈可以扩大沟通的范围，利于有效消除位差，使沟通达到应有的效果。

1.16 OEC 法

1.16.1 图例

表 1-22 培训管理日清日高提升方案

不足之处	原因	提升方法	关注等级
迟到现象严重	（1）受训人不重视培训。 （2）时间安排不当	（1）分析培训需求，优先展开紧急且重要的培训课程，达到学以致用的目的，提高培训课程的针对性和吸引力。 （2）合理安排培训时间，便于班组成员接受培训	中
培训纪律较差	（1）培训员引导不力。 （2）未有效监控	（1）提前通报培训消息，告知培训课程、时间、地点、培训讲师及相关的激励措施。 （2）对培训全过程进行监控，将员工对培训纪律的遵守情况纳入培训考核体系	高
培训效果不佳	（1）培训形式及内容不被员工接受。 （2）培训组织不力。 （3）未强化培训考核	（1）结合员工素质、工作特点等，设计员工能理解的培训形式和内容。 （2）协同人力资源部的培训小组做好培训需求分析、培训课程开发、培训场所布置、培训考核实施、培训讲师选择，确保培训活动顺利、有效地开展。 （3）通过培训考核对培训效果进行检测，并将考核结果与员工的薪酬及晋升挂钩，使员工重视培训，以达到提高培训效果的目的	高

1.16.2 用途

OEC 法是一种管理方法，也称为日清管理法，具体指日事日毕、日清日高，即当天的工作当天完成，当天的工作要清理，并且每天都要有所提高。

在 7S 项目推行过程中，使用 OEC 法具有以下作用。

（1）保证今日 7S 项目推行任务今日完成，避免养成拖延的习惯。

（2）养成清理当日工作的习惯，防止有遗漏的工作。

（3）积极反思当日的工作，找出不足之处，或哪些还可以做得更好。

（4）给出上述问题的改善方法，在第二天的工作中改正或做得更好。

OEC 法内容如表 1-23 所示。

表 1-23 OEC 法内容

缩写	代表含义	说明
O	Overall	全方位
E	Everyone	每人
	Everyday	每天
	Everything	每件事
C	Control	控制
	Clear	清理

1.16.3 适用事项

《精益 7S 现场管理自检手册》中"1.1 7S 推行小组建设标准"。

1.16.4 使用说明

OEC 法的运用应遵循如下步骤进行。

（1）员工在每天开始工作前，对一天的工作内容进行统计，根据事情的轻重缓急制订当日的工作计划表，如表 1-24 所示。

表 1-24 日事计划表样表

部门					岗位			日期		
序号	日事内容	状态			工序			完成时间	自检时间	呈报时间
		紧急	重要	一般	工序1	工序2	…			

（2）对当日的工作内容进行细化和量化，明确相关要求，并在每天工作结束时，根据执行的情况与标准对日事日清的效果进行自检，如表 1-25 所示。

表 1-25 日清日检表样表

部门		岗位				日期	
序号	日事内容	日清标准				纠正措施
		实效	质量	数量	结果	

（3）对每天工作的执行情况进行评估，及时发现问题和不足，并根据相应的方案改善行为，实现每天提升一点点。

1.16.5 注意事项

使用 OEC 法时需要注意以下事项。

（1）在做日事计划时，必须统计好当天的本职工作内容，以及需要协助其他部门的工作内容，将所有的工作内容进行排表。

（2）日事、日清、日高需要日复一日，不断坚持，才能展现其应有的效果。

2

基础建设技术

2.1 现场布局

2.1.1 图例

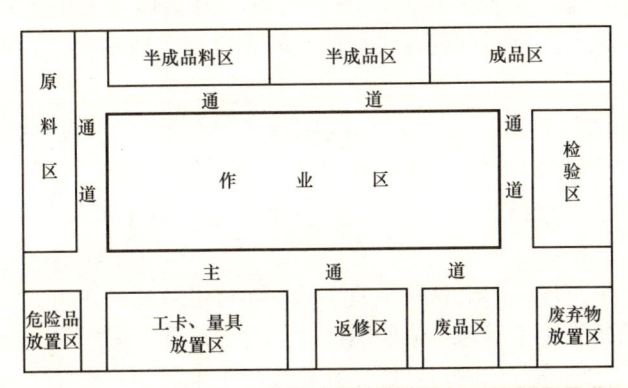

```
┌──┬─────────┬─────────┬─────────┐
│原│半成品料区│ 半成品区 │  成品区 │
│料├─────────┴─────────┴────┬────┤
│区│通        道            │    │
│  ├───────────────────┐    │检 │
│通│                   │    │验 │
│道│     作  业  区    │ 通 │区 │
│  │                   │ 道 │    │
│  ├───────────────────┘    │    │
│  │主       通       道    │    │
├──┼────────┬────┬────┬────┤
│危险品│工卡、量具│返修区│废品区│废弃物│
│放置区│ 放置区  │      │      │放置区│
└──┴────────┴────┴────┴────┘
```

图 2-1　作业现场布局图示

2.1.2 用途

现场布局是指在精益思想的指导下，在整体布局已然确定的情况下，对生产现场中的物料、设备、废料、运输设备、人员作业位置等进行合理的布置，以期最大限度地降低生产成本。

如能实现科学的现场布局，那么将对企业的 7S 项目推行起到以下作用。
（1）确保现场管理的可视化和现场规划的科学性。
（2）减少物料周转次数和积压量，控制物料或员工移动路线上的浪费。
（3）理顺现场物料移动路径，清除物料移动时的障碍。
（4）减少员工工作的疲劳感，保证其工作的舒适度。
（5）实现空间利用率最大化。

2.1.3 适用事项

《精益 7S 现场管理自检手册》中"2.1　区域规划标准""2.3　工具定置标准"。

2.1.4 使用说明

现场布局应按照"从大到小，从宏观到微观"的原则，按照"把握整体布局—选定生产线布局模式—细致规划每个操作台面"的步骤，循序渐进地进行。同时，对每个细节都关注到位、毫不遗漏，确保现场布局工作的全面性和精益化。

进行现场布局的时，应遵循以下步骤进行。

（1）收集现场信息。在现场布局之前，要搜集生产环境、空间、工艺等信息，除了考察产品种类和型号外，7S 种子小组还要收集关于生产信息的基础信息，然后，对生产空间和设备等存放空间等进行实地测量，以便合理地进行现场布局。

（2）现场区域规划。作业现场区域规划是根据工艺流程对生产现场进行区域划分，确定作业区、物品放置区、通道等的具体位置的过程。在作业现场的区域规划过程中，应当遵循两个原则，即距离最短原则和物流畅通原则。

（3）定位生产现场。信息收集完毕后，即可进行现场定位。这一工作主要是划分现场的每个生产区域，依照图纸上的每台设备、工作台的位置在现场用线标示出来。在划分定位时，最好先找到地标，也就是参照物（参照物可以是车间的墙壁、柱子或者轨道等）。然后，再围绕地标，展开现场布局。基本定位完成后，即可进行现场画线。

（4）设计车间系统。车间系统包括生产设备系统、照明系统、噪声控制系统、采暖系统、道路以及能源动力系统等部分。

（5）设计生产线布局。进行常规的生产线布局有以下几类：一字形布局、S 形布局、T 形布局、U 形布局、O 形布局。

> 一字形布局，设备配置按物流路线直线配置，扩大时只需增加列数即可，回收材料和垃圾可用皮带传送。

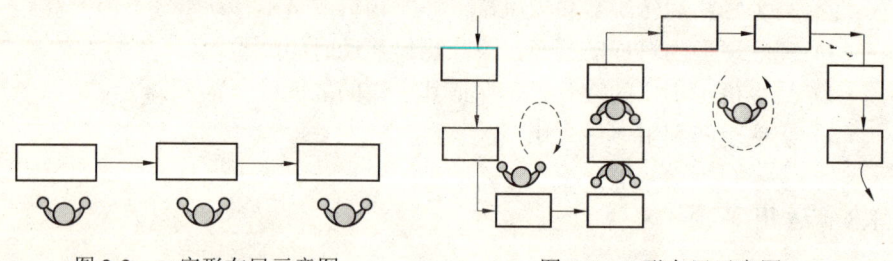

图 2-2　一字形布局示意图　　　图 2-3　S 形布局示意图

> S 形布局，当需要从侧面装卸工具与物料时，使用 S 形布局对有组装与焊接的生产线比较有效。

> T 形布局，是 L 形布局的变局，因空间原因，中央以物料主线为主，两端引入物料。

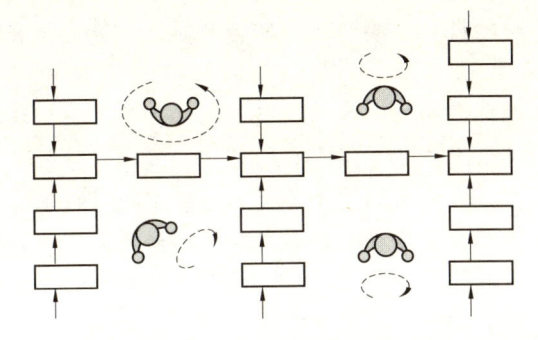

图 2-4　T 形布局示意图

- U 形布局，又叫巡回式布局，物料与人的作业路线一致，目的是加强品质责任和提高作业效率。
- O 形布局，坐式作业，中央空间用于维护，并可以集中工装夹具。

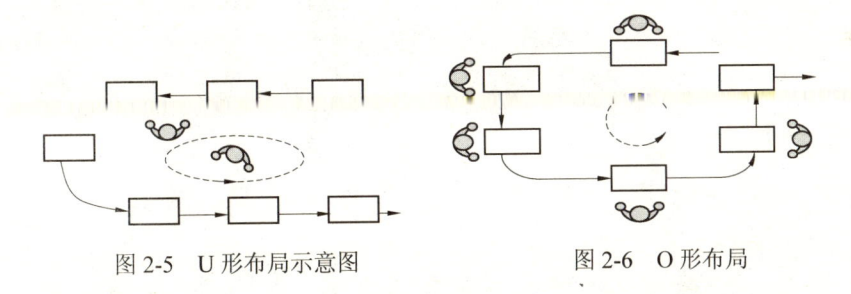

图 2-5　U 形布局示意图　　　　图 2-6　O 形布局

（6）衡量工位空间。工位是指为了完成一定的工序，在完成一次装夹工件动作后，工件（或装配单元）与夹具或设备的可动部分，相对刀具或设备的固定部分所占据的每一个位置。而工位空间则是指在工位设计完成以后，工位布置所占据的空间。

（7）物料流向设计。尽量运用重力原则进行物料的输入和输出，因为这种输入输出方式最节省人力。对于一般作业，可以在上一道工序和下一道工序之间用滚链或者滑轮传送带进行连接；在作业接收时，物料依靠重力直接滑到机床的安装区域；在工件加工完之后，从工作台上卸下，直接依靠重力就滑落到下一个工位。

但是，不能接受撞击或易造成人员伤害的零部件加工工位在进行输入输出设计时，应在考虑零部件的可靠性、完整性与安全性的前提下，再实现人力节省和效率提高的目标。

（8）工作台设计。主要以人因学实验得出的关于人体尺寸的相关数据作为依据。作业台的设计主要包括坐姿工作台、立姿工作台以及坐立姿交替的作业台的设计等。

- 坐姿工作台的设计主要涉及工作台的高度、宽度、容膝空间和作业范围等方面。
- 立姿作业工作台面的高度不仅与人体的身高有关，还与工作的性质有关。为了满足大多数工作人员的需求，可以设计为可调式工作台，也可以通过增加脚垫来调整员工与工作台面之间的距离。
- 坐立姿交替作业工作台的台面高度与立姿作业工作台的高度要求是一样的。座椅的设计要根据要求设计成高度、扭转方向可调的座椅，以方便进行高度调整和前后左右移动。

（9）工作台面的布置。工作台面的布置主要有两种类型可供选择，一是平面布置，二是立体布置。

- 平面布置通常采用将台面分区的方式，依据物料、工具的使用频率与顺序，划定物料、工具、零件等的摆放区域，使物品整齐摆放。
- 立体布置首先要注意作业台的选用，对于需要使用较多工具的工序，可以选用带有工具抽屉和工具架的作业台；对于需要同时使用不同规格、型号的材料或零件的工序，可以选用带有多层零件盒或物料盒的作业台。

2.1.5 注意事项

为了实现现场管理的可视化和现场布局的科学性，在进行现场布局时，应注意以下事项。

（1）现场布局必须在布局方案细节上仔细斟酌，避免因布局方案不合理给正式运作带来很大麻烦。因此，不能只考虑如何快速结束布局阶段以尽快投入生产。

（2）避免生产线布局过于死板，一旦后期生产需求出现变化，过于死板的生产线布局往往难以快速调整和应对。

（3）不能为了最大程度上地使用空间，而不顾各区域、工位的空间需求。这样做的后果会导致可用空间逼仄，遇特殊情况时可调整幅度较小。

（4）器具和辅助设施的位置安排应合理，减少空间的浪费，同时方便员工进行作业。

（5）在实施现场布局过程中，应对人因工程加以考虑。缺少对人因工程的考虑，虽然在硬件方面节省了成本，但是很容易导致员工身体疲劳，工作效率不高，甚至引发安全事故。

（6）根据企业的自身情况设计布局方案，切忌盲目抄袭成功企业的布局实例。

2.2 "一个流"

2.2.1 图例

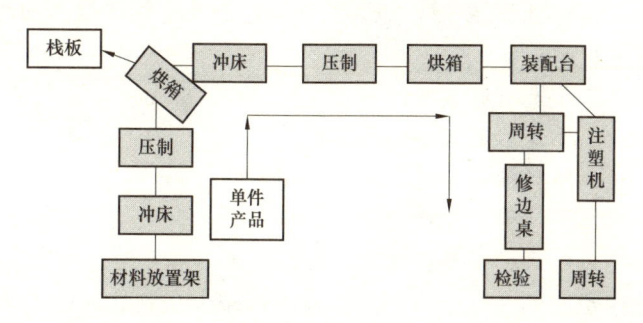

图 2-7 某工厂车间"一个流"的 U 形设备布置图

2.2.2 用途

所谓"一个流"生产，即各工序只有一个工件在流动，使工序从毛坯到成品的加工过程始终处于不停滞、不堆积、不超越的流动状态，是一种工序间在制品趋于"零存量"的生产管理方式。

"一个流"作业的实施，在 7S 项目推行过程中，具有以下优势。

（1）生产时间短，在制品存量小，容易适应市场与计划的变更。

（2）占用生产面积小。

（3）易暴露生产过程中的问题点，有利于 7S 项目推行过程中对问题的改善。

（4）有利于保证产品品质，实现安全生产。

（5）有利于节拍控制和提升运作效率。

2.2.3 适用事项

《精益 7S 现场管理自检手册》中"3.2 流程节拍管理标准""3.3 线上线下物料管理标准"。

2.2.4 使用说明

（1）在推行"一个流"的过程中应遵循三大原则。

① 物流同步原则。"一个流"生产要求在没有库存的前提下，实现在必要的时刻得到必要的零件，为此，应使各种零部件的生产和供应完全同步，整个生产按比例、协调地连续生产，按照后面工序的需要安排投入和产出。

② 内部用户原则。
- 每一道工序是前道工序的用户；
- 每一道工序是后道工序的供货商。
- 每一道工序只接受前道工序合格的产品。
- 每一道工序只生产合格的产品。
- 每一道工序只提供合格的产品给后道工序。

③ 消除浪费原则。一个流生产的目的是减少在制品，使生产中存在的浪费现象暴露出来，并不断排除浪费现象，使成本降低。生产中的浪费现象包括：
- 在制品过剩；
- 供货拖拉；
- 排除设备故障的时间长；
- 信息交流不畅通；
- 工艺纪律差。

上述的任何一个问题都会阻碍"一个流"生产方式的顺利进行，因此，必须采取积极的态度解决这些问题，为实现"一个流"的生产方式创造条件。

（2）推行"一个流"的生产方式应遵循以下步骤，如表2-1所示。

表2-1 "一个流"实施步骤

序号	步骤	说明
步骤1	全员的意识建立	企业全员必须从观念上作出改变，站在客户的立场上，坚持以"一个流"的生产方式进行作业
步骤2	成立示范改善小组	组织不同部门的骨干力量成立示范改善小组，率先尝试"一个流"生产方式，以便其能早日正式实施
步骤3	选择示范生产线	应将最容易的区域作为示范线
步骤4	现况分析	选定示范线后，要充分了解该产品的生产状况（如生产流程图，生产线布置方式，人员的配置及生产性，库存时间人力空间及设备的稼动率）
步骤5	设定生产节拍	依据生产时间及订单量的变化，设定合理的生产节拍

续表

序号	步骤	说明
步骤6	确定设备、人员的数量	根据生产节拍、各制程的加工时间和人力时间，计算出各个制程的设备需求数和操作人员的需求数。如设备不足，应分析稼动率（指一台机器设备实际的生产数量与可能的生产数量的比值），进一步改善以提高设备产能；如人员不足，则需努力设法改善工作量，实现少人化管理
步骤7	布置"一个流"生产线	要按照加工顺序，以逆时针拉动，确保按需生产；设备尽量靠近，以减少人员走动及物品搬运的距离；设备小型化、专用化，并调整设备的工作高度，以增加操作人员工作的灵活性
步骤8	配置员工	按照计算所得的作业人数，结合机器设备布置情况，进行人员配置，确保每一位操作人员所分配到的制程人力时间的总和与"生产节拍"保持一致
步骤9	单件流动	生产线建立后，以"生产一个，检查一个，向下一制程传送一个"的方式进行生产
步骤10	维持管理与改善	流线化生产线配置好之后，会有各种意想不到的问题发生，应尽量改善；对于部分人员的排斥和抵触，应耐心地进行沟通
步骤11	正式推行	将"一个流"生产方式在企业内广泛推行

2.2.5 注意事项

"一个流"是比较复杂的过程，要真正在生产过程中实现"一个流"，还需要注意以下事项。

（1）在使用"一个流"时，应使产品单件流动、单件生产，使产品生产的各道工序做到同步进行。

（2）"一个流"生产设备不能按照其类型布局，而是按照加工顺序来排列生产设备，避免孤岛设备现象的出现，尽可能使设备的布置流水线化，真正做到只有"一个流"。

（3）"一个流"生产过程必须按照一定的节拍进行，避免出现产品积压和停滞。

（4）"一个流"生产过程中为了调整生产节拍，有时可能需要一个员工操作几台设备，员工不能坐着，而应该是站着走动的工作方式，以提高工作效率。

（5）在"一个流"的生产过程中，必须培养多能工。

（6）生产设备采用"U"形布置，减少由于不同工序之间的传递而造成的走动，减少时间和搬运的浪费，增加生产效率。

（7）每一个岗位，每一道工序必须制订作业指导书，员工按照作业指导书要求进行工作。

2.3 SPC 系统

2.3.1 图例

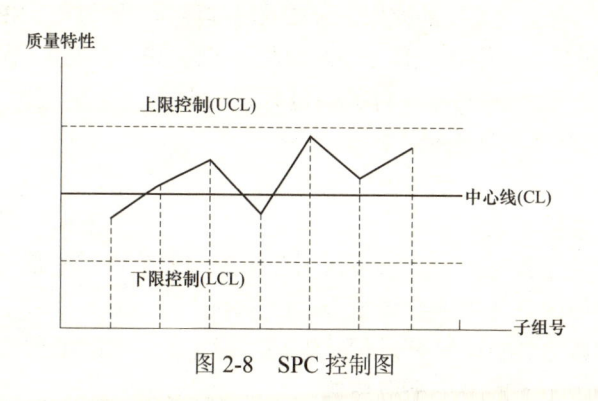

图 2-8 SPC 控制图

2.3.2 用途

统计过程控制（Statistical Process Control），简称 SPC，是一种借助数理统计方法的过程控制工具。它对生产过程进行分析评价，根据反馈信息及时发现系统性因素出现的征兆，并采取措施消除其影响，使过程维持在仅受随机性因素影响的受控状态，以达到控制质量的目的。

在 7S 项目推行过程中，使用 SPC 系统控制技术具有以下作用。

（1）科学地分析出生产过程，产品的正常波动和异常波动，对生产过程的异常趋势提出预警，更便于人们在 7S 项目推行过程中及时采取预防措施。

（2）实时了解整个生产过程的波动状态，保证产品和服务能够稳定地满足顾客的需求，保障 7S 活动的顺利推行。

（3）能够确保企业的实物质量和管理质量的持续改进。

（4）对最终输出有科学理论依据和量化管理。

2.3.3 适用事项

《精益 7S 现场管理自检手册》中"3.2 流程节拍管理标准""3.3 线上线下物料管理标准"。

2.3.4 使用说明

使用 SPC 技术应遵循以下步骤进行。

（1）识别关键过程。一个产品品质的形成需要许多过程，其中一些过程对产品品质的优劣起着至关重要的作用，这样的过程称为关键过程。SPC 控制图应首先应用于关键过程，而不是所有工序。因此，实施 SPC 首先要识别关键过程。

（2）确定过程关键变量。对关键过程进行分析（可采用因果图、排列图等），找出对产品质量影响最大的变量。

（3）制订过程控制计划和规格标准。

（4）过程数据收集和整理。

（5）过程受控状态初始分析。采用分析控制图分析过程是否受控和稳定，如果发现不受控或有变差的特殊原因，应采取措施。

（6）过程能力分析。只有过程是受控、稳定的，才有必要分析过程能力，当发现过程能力不足时，应采取措施。

（7）控制图监控。只有当过程是受控的、稳定的，过程能力足够才能采用监控用控制图，进入 SPC 实施阶段。

（8）监控、诊断、改进。在监控过程中，当发现有异常时，应及时分析原因，采取措施，使过程恢复正常。对于受控和稳定的过程，也要不断改进，以减小变差的原因，提高质量降低成本。

2.3.5 注意事项

为了提高生产中的产品质量，进行统计过程控制时，还需要注意以下事项。

（1）在使用前，企业必须形成或明确质量管理在企业总体发展中的重要位置，并且在领导层达成共识。

（2）使用 SPC 不能仅仅依靠少数质量管理者，必须鼓励全员参与。

（3）SPC 不是用来解决个别工序采用什么控制图的问题，而是强调从整个过程、整个体系出发来解决问题。

（4）使用前必须做好前期准备工作。所谓前期准备工作，除了对企业质量管理现状的把握外，还包括对员工进行 SPC 基本概念和知识培训，制订一个明确的质量目标和计划。只有参与者对 SPC 有了一定的了解和认识，才能激发他们的热情和信心，将它们正确、有效地应用到日常工作中。

（5）使用 SPC 应当与 PDCA 循环相结合，从而达到持续改进。

2.4 价值流图分析法

2.4.1 图例

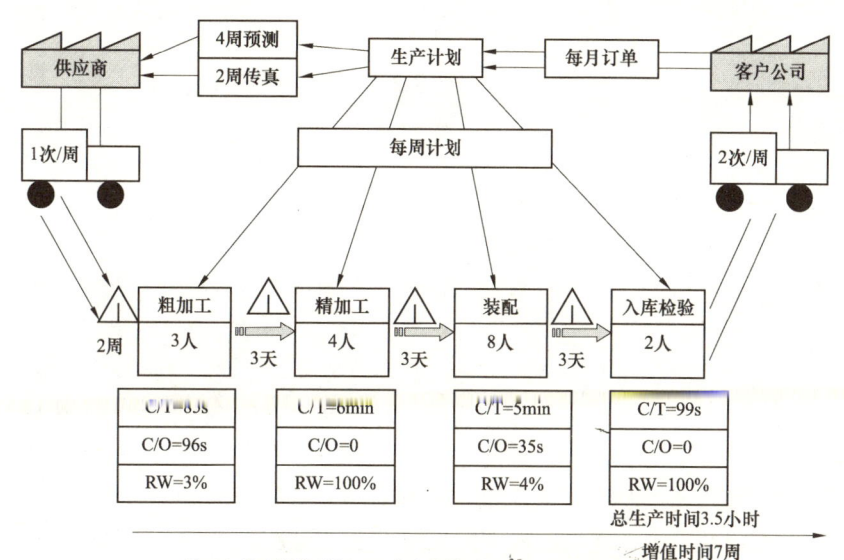

图 2-9 机械制造企业的车间生产价值流图

注：C/T代表周期时间，C/O代表换模时间，RW代表设备使用率。

2.4.2 用途

价值流图分析法通过绘制价值流图来分析生产过程中的物料流和信息流动，区别增值和非增值活动，从而有效地控制流程节点，简化生产流程，并节约成本。在导入流程优化技术之前，我们可以以价值流图的形式，绘制出整个产品的价值流现状。价值流图一般包含两个流程，如表 2-2 所示。

表 2-2 价值流图中的两个流程

信息（情报）流程	即从市场部接到客户订单或市场部预测客户的需求开始，到使之变成采购计划和生产计划的过程
实物流程	即从供应商供应原材料入库开始，随后出库制造、成品入库、产品出库，直至产品送达客户手中的过程。此外，实物流程中还包括产品的检验、停放等环节

价值流程分析法的作用如下：

（1）更好地理解物料流动和信息流动，以及其中的增值和非增值活动。

（2）有助于在7S项目推行过程中发现浪费和确定需要改进的地方，为改善活动制订蓝图和方向。

（3）便于员工了解企业的状态，向员工提供参与改善活动的机会。

2.4.3　适用事项

《精益7S现场管理自检手册》中"3.2　流程节拍管理标准""3.3　线上线下物料管理标准"。

2.4.4　使用说明

在价值流图中，流程的节点是由活动单元组成的。在绘制价值流图时，应遵循以下步骤。

（1）识别客户群体以及客户需求，了解需求量、种类、交付频次和要求等。

（2）绘制产品整体生产的作业流动。对于能够连续进行的过程，可以列入一个活动框内；对于无法连续进行的过程，则在两框之间用库存三角形分开。

（3）识别关键指标，对关键指标进行重点管控。

（4）完成数据表。现场收集并记录每个生产过程的数据。在每个过程线框下，记录主要数据，包括生产节拍、换型时间、操作人数、设备使用率、废品率等与过程改进有关的数据。

（5）绘制库存和供应天数库存情况。对所有库存（包括线上在制品库存）进行盘点，然后记录在库存三角形下面。

（6）填充时间线。将库存数量按照客户需求节拍转化为时间，与生产过程时间数据一同画在时间线上。

（7）计算增值比例。计算出生产过程时间占全部工作时间的百分比。

（8）绘制原材料供应。确定原材料采购、交付以及供应商的供货情况。

（9）绘制信息流，记录客户订货、制订生产计划、原材料订货等过程的信息传递途经及信息，并绘制信息流。

在价值流图分析中，主要的价值流图绘制符号是固定的，各企业可以根据自己的要求，再拟定附加的符号。

2.4.5　注意事项

价值流图在绘制过程中，应注意以下事项，以确保绘制的价值流图能够正确地反映企业的价值流状况。

（1）在使用价值流图前，应分析生产各个工序的节拍。如果生产节拍不能满足要求，会导致过量生产、生产停顿或生产进度延迟。

（2）应对运作流程中的每一道工序依次分析，直至供应商。分析每个工序的增值和非增值活动，包括准备、加工、库存、物流技术、停机次数、班次等，并记录相应的时间。

（3）认识和分析物流信息的传递方法和路径，包括客户到工厂、工厂到供应商、生产物料计划到各工序的信息传递情况等。

（4）价值流图必须是对实际生产的产品或提供的服务进行分析，不能纸上谈兵。

（5）绘制价值流图必须进行现场实际的考察，避免道听途说。

2.5 ECRS 分析法

2.5.1 图例

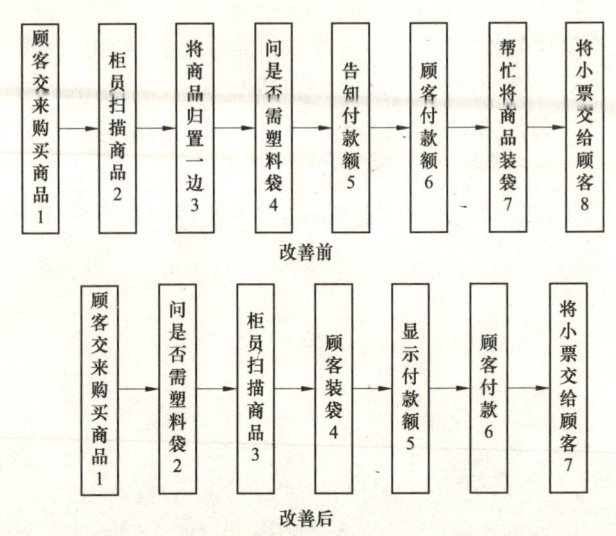

改善前：顾客交来购买商品1 → 柜员扫描商品2 → 将商品归置一边3 → 问是否需塑料袋4 → 告知付款额5 → 顾客付款额6 → 帮忙将商品装袋7 → 将小票交给顾客8

改善后：顾客交来购买商品1 → 问是否需塑料袋2 → 柜员扫描商品3 → 顾客装袋4 → 显示付款额5 → 顾客付款6 → 将小票交给顾客7

注：改善后，柜员在扫描商品时，顾客即可自行装袋，减少了为顾客装袋的环节，提高了柜员服务顾客的效率。

图 2-10　某超市结账流程使用 ECRS 改善前后对比图

2.5.2 用途

ECRS 分析法是一种基于工作方法和流程改善的分析法，它通过对现有工作方法和流程进行取消（Eliminate）、合并（Combine）、重排（Rearrange）和简化（Simplify），来实现改善的目的。

（1）E（Eliminate）排除、取消。取消不必要的流程节点和操作，是改善工作流程的重要原则。例如，取消生产流程中的搬运、检验等不必要的环节。

（2）C（Combine）合并。对于工作量过大、出于专业需要或是以增加工作效率为目的的流程节点，必须予以保留；而其他节点操作，则需要予以合并。例如，对工具、控制和动作的合并等。

（3）R（Rearrange）重排。将程序按照合理的逻辑，重新排序，或者在改变其他要素顺序后，重新安排工作顺序。同时，也可以进一步发现可以取消或合并的节点。

（4）S（Simplify）简化。流程中各环节的工作内容和环节本身，都可以进行必要地简化。例如，对于工序操作中动作组合，尤其是在一个位置上的多个动作，要尽可能予以简化。

在 7S 项目推行过程中，ECRS 分析法具有以下作用。

（1）发现多余的工作环节或内容，及时取消，提高执行效率，降低成本。

（2）合并重复的工作，在不影响任务的前提下，减少时间、提高工作效率。

（3）优化工作流程，让其更加顺畅，以最小的投入，获得最大的回报。

（4）简化工作内容，减少不必要的资源浪费。

2.5.3 适用事项

《精益 7S 现场管理自检手册》中"3.2　流程节拍管理标准""4.2　搬运作业管理标准""4.4　物料存放管理标准"。

2.5.4 使用说明

运用 ECRS 进行流程分析时，可以通过以下四个方面入手。

（1）确认是否有取消的可能。如果取消该工作并不会对我们的工作结果造成影响，则取消，以免造成时间和资源上的浪费。某工作是否可以取消，可以通过以下几个问题确定。

- 该工作能够完成什么？
- 该工作能够实现什么目的？
- 该目的是否有价值？
- 是否是必须要做的工作？
- 如果取消该工作是否会对其他工作造成影响？

（2）确认是否有合并的可能。如果工作实在无法取消，我们可以考虑是否可以将此工作合并到其他工作中去。合并需要一个整理的过程，工作合并后能节省资源，这才有合并的必要。将工作进行合并，可遵循以下步骤进行。

- 将多个方向突变的动作改变为一个方向的连续动作。
- 固定机器的运行周期，使工作能够在一个周期内完成。
- 实现工具的合并、控制的合并、动作的合并。

（3）确认是否有重排的可能。某个人或者某个位置的变化以及前后顺序的改变，都可能使工作方法更加简单、工作流程更加顺畅。

（4）确认是否有简化的可能。化繁复为简单，选择最简单的路径到达目的地，包括动作的简化、能量的简化等，可以使工作简单易行。进行动作简化时，应遵循以下原则。

> 减少目光搜索的范围与变焦次数。
> 使工作能在正常区域内完成而不必移动身体。
> 使动作幅度减小。
> 使手柄、杠杆、踏板、按钮等控制器适合人的尺寸与肌体性能。
> 在需要高强度肌肉力量处，借助惯性来获得能量。
> 使用尽可能简单的动作组合。
> 减少每一个动作的复杂程度，尤其是在一个位置上的多个动作。

2.5.5 注意事项

使用 ECRS 分析法分析和改善流程现状时，应注意以下事项。

（1）避免人为复杂化，力求简化工作环境，减少过多且不必要的工作所带来的麻烦和拖延。

（2）在使用 ECRS 分析时，需要对每一道工序流程都引出四项提问。通过分析，简化工序流程，以便找出更佳的作业方法。

2.6 定置管理

2.6.1 图例

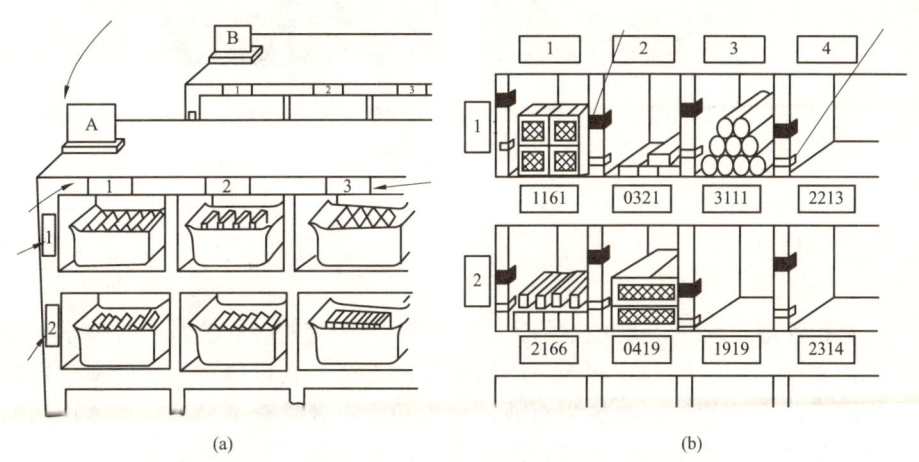

(a)

(b)

说明：(a) 物品存放定位，图中箭头指处为存放位置的各级编号；
(b) 物品存放定量图，图中黑色标识为存货量上限，白色标识为存货量下限

图 2-11　物品存放定位及定量示意图

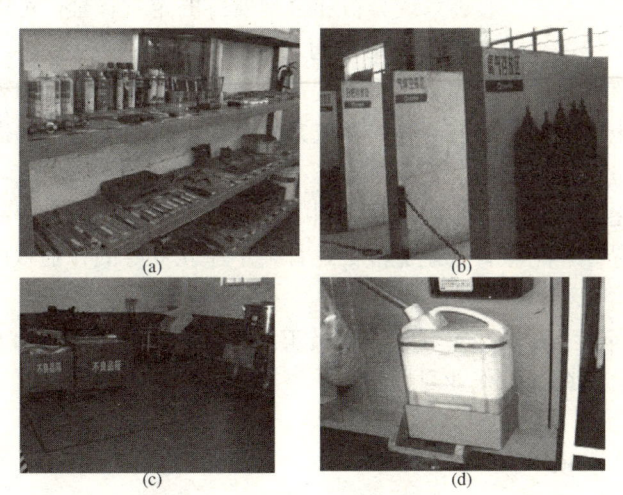

说明：(a) 现场工具定置（定位置），(b) 现场物品定置（定场所），
(c) 现场不良品定置（定品），(d) 容器存量定置（定量）

图 2-12　生产现场定置图例

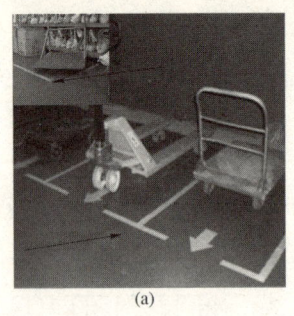

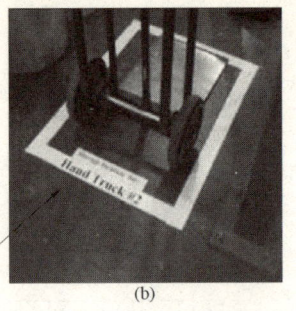

(a) 未定置前（主图为左上角小图），推车随意放在某个地方；(b) 定置后（主图）：定置，并标识

图 2-13　定置效果图（搬运工具）

2.6.2　用途

定置管理是对生产现场中的人、物、场所三者之间的关系进行科学地分析，使之达到最佳结合状态的一门科学管理方法。它以物在场所的科学定置为前提，以完整的信息系统为媒介，使人和物有效结合，通过对生产现场的整理、整顿，清除生产中不需要的物品，把需要物品放在规定位置上，使其随手可得。

在 7S 项目推行过程中，实施定置管理，可以发挥以下作用。

（1）提高生产率。通过系统分析和合理安排的定置管理，可以大大减少员工操作中的工作量，缩减物品流动时间，从而提高生产效率。

（2）使产品质量和工作质量得到提高。通过定置管理，人们处于得心应手的工作环境中，现场物品的流转、存放井然有序，有利于改进和提高其工作质量和产品质量。

（3）优化现场环境。生产现场物料、工具、半成品、成品等种类多、数量大，实施定置管理能够有效避免混乱，有利于建立良好的作业秩序，改善现场环境。

（4）提高员工素质。定置管理将员工的操作和物品放置标准化、制度化，有助于培养员工良好的作业习惯和工作素养。

2.6.3　适用事项

《精益 7S 现场管理自检手册》中"2.3　工具定置标准""3.2　流程节拍管理标准""4.2　搬运作业管理标准""4.4　物料存放管理标准"。

2.6.4 使用说明

(1) 按照资源整合的有效状态,可以将定置管理分为三类,定置管理的状态分类表如表 2-3 所示。

表 2-3 定置管理的状态分类表

状态	定义
A 型状态	人与物处于紧密结合、能够发挥效能的状态,处于这种状态中的物品被称为 A 型物
B 型状态	人与物处于寻找状态,或者尚需某种活动才能达到"人和物结合并发挥效能"的状态,这种状态中的物品被称为 B 型物
C 型状态	物与所在场所的生产操作活动无关,以生产活动的目的为出发点。这种物品与人都处于不能发挥效能的状态,这种状态中的物品被称为 C 型物

(2) 根据管理范围不同,定置管理可以被分为以下几大模块,即:系统定置、部门定置、区域定置、库存定置以及特殊定置等,具体如表 2-4 所示。

表 2-4 定置管理模块分类表

模块	定义
系统定置	是指在整个流程系统中,跨越部门等来实施定置管理。这一模块的定置管理往往工作量较大、持续时间较长,需要做好充分的准备和规划
部门定置	是指在涉及职能部门范围内的定置管理活动。对于设备、物品、文件等,都应根据部门职能需求来做好定置管理
区域定置	按照生产线的特点和实际情况,把生产现场分为几个区域,各区域按实际情况实施定置。这种方式针对性强,容易取得成效
库存定置	特指对仓库管理的定置活动
特殊定置	针对生产有特别影响的物品(如易流失、易挥发、易燃、有毒等物品)实施定置管理

(3) 开展定置管理时,应按照一些步骤进行。如表 2-5 所示。

表 2-5 定置管理的步骤说明

步骤	定置管理	步骤说明
1	工艺流程研究	详细研究生产现场现有的加工方法、机器设备和工艺流程,以确定各类设备、工具、设施的合理位置
2	人/物/场状态分析	利用工业工程的方法,分析人和物结合、物流和搬运、现场信息流、工艺路线和方法等情况,提出改善方法

续表

步骤	定置管理	步骤说明
3	定置平面图绘制	对现场所有场地和物品进行定置,并通过调整物品来改善场所中人与物、人与场所、物与场所之间关系的综合反映图,具体包括车间定置图、各作业区定置图、仓库、资料室、工具室、计量室、办公室等定置图以及特殊要求定置图
4	实施定置	按照定制图,定置现场的物品、机械设备、工具,步骤如下: (1)清除与生产无关的物品,例如,废弃物、报废的机械设备。 (2)按定置图分类、调整和定位生产现场物品。 (3)放置标识牌,做到牌、物、图相符,设专人管理
5	定置检查	定置后验收检查。检查不合格者不予通过,须重新定置,直到合格为止。检查的基本指标是定置率,计算公式如下:定置率=实际定置物品件数(种数)÷定置图规定定置物品件数(种数)×100%

2.6.5 注意事项

通过开展定置管理来优化作业环境时,应注意以下事项。

(1)开展定置管理时,对区域线,定位线也有一定的要求,如图 2-14 所示(仅供参考)。

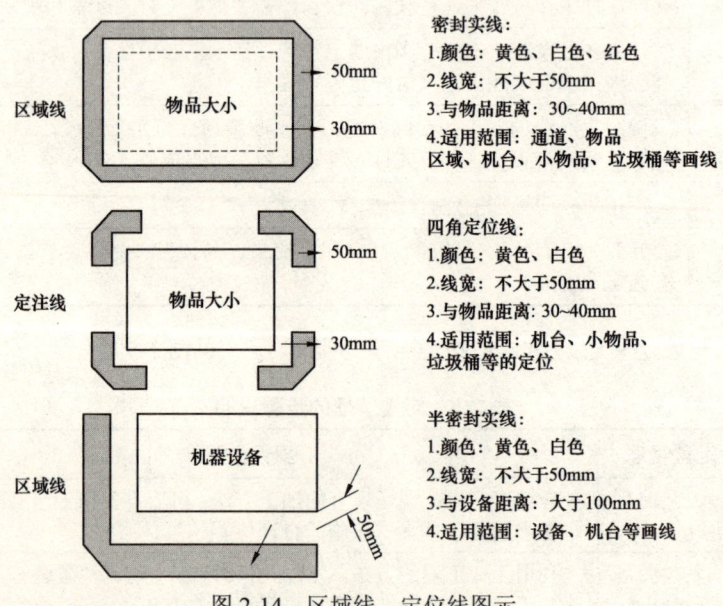

图 2-14 区域线、定位线图示

（2）实施定置管理前，需确定定置改革的期望目标。针对生产流程中的操作现场，通过调查研究，找到现存问题，并分析其发生原因。

（3）实施定置管理，要对生产流程以及每个岗位上的操作细节，进行人因工程学分析，找到问题，剔除 B 型状态和杂乱无序状态。从而确立高效运作的生产流程模式。

（4）定置管理是为了营造有利于员工身心健康的生产环境，所以在实施过程中必须以生产需要和人因工程学为基础。

（5）实施定置管理，需要结合定置图，对生产现场的资源进行定置，以便直观地反映生产流程中的资源管理，便于进行问题分析。

2.7 油漆作战

2.7.1 图例

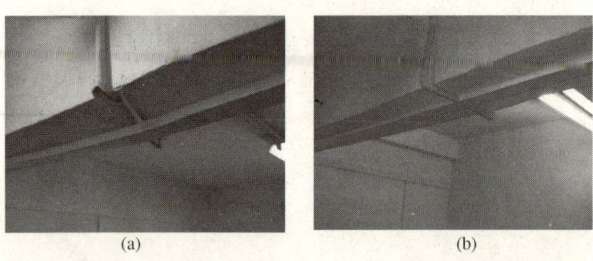

说明：(a)油漆作战前，现场视觉效果较差；(b) 油漆作战后，现场焕然一新

图 2-15 油漆作战前后效果对比

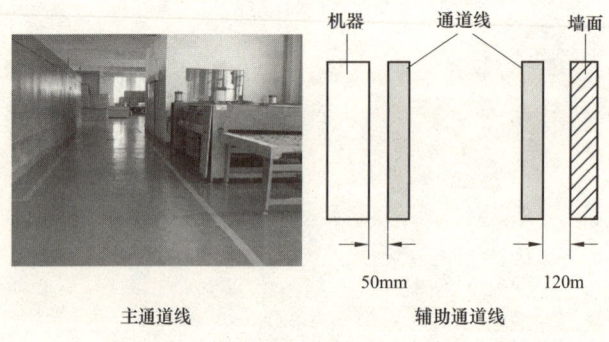

图 2-16 通道线

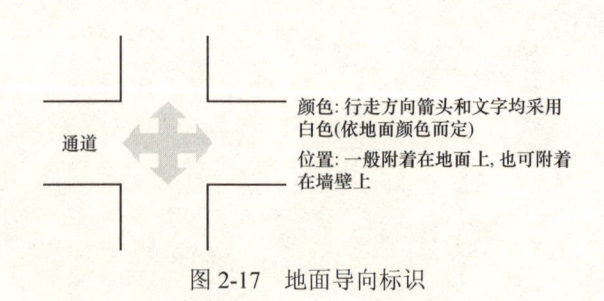

颜色：行走方向箭头和文字均采用白色(依地面颜色而定)
位置：一般附着在地面上，也可附着在墙壁上

图 2-17 地面导向标识

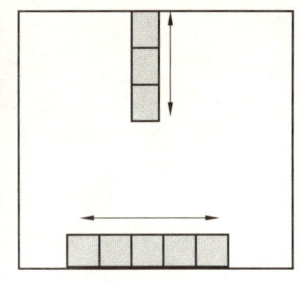

图 2-18 材料放置区画线

图 2-19 作业区画线示例

2.7.2 用途

油漆作战也被称为"画线""喷漆战",是清扫清洁活动过程中又一重要手法。油漆作战是根据作业区、通道、休息室、仓库等场所的不同功能,刷上不同颜色的油漆,从而对现场进行颜色管理的一种可视化手段。

实施油漆作战对 7S 项目的推行有以下作用。

(1) 通过在企业内部组织此活动,使更多的员工投身到 7S 现场管理的活动中来,并培养员工的主观能动性,增强对生产环境的自我保护意识。

(2) 员工的操作技能和团队协作能力随着活动的推行会得到提升。员工可以通过活动了解油漆的涂刷原理和方法,提高员工间协同作战的意识和能力。

(3) 员工通过对活动前后情况的对比,发现原本陈旧的设备和现场经过自己的油漆作战后变得焕然一新,这会大大增加员工的自信心和成就感,并进一步激活员工的参与 7S 活动的热情。

2.7.3 适用事项

《精益 7S 现场管理自检手册》中"2.1　区域规划标准""2.3　工具定置标准""3.1　工位管理标准""5.1　办公区域管理标准"。

2.7.4 使用说明

油漆作战必须按照步骤进行,避免出现返工的现象。在实施油漆作战时应遵循以下步骤,如表2-6所示。

表2-6 油漆作战的实施步骤

步骤	实施刷漆	步骤说明
1	清洁刷漆场所	作业前清理地面,铲去旧漆,保持地面干燥
2	调漆	按比例调漆,搅拌均匀,半小时后才能使用
3	刷漆	大面积刷漆,采用滚刷刷法;补漆、小面积刷漆或要求较高的刷漆作业,采用刷子刷法。作业过程中,经常搅拌油漆,防止沉淀
4	栏区标提示	刷漆作业结束,用围栏隔开,标示"油漆未干""严禁踩踏""禁止叉车、电动车和工位器具通行"等提示性说明
5	检查使用效果	刷漆12小时后,检查可否使用

在油漆作战全面推广的过程中,需要根据计划完善油漆作战活动。一般而言,油漆作战推广时的具体方法如表2-7所示。

表2-7 某企业油漆作战的重点对象及处理方法表

重点对象	处理方法
厂区	(1)围墙、建筑外墙要彻底清洗并以统一染料统一粉刷。 (2)厂区地面及厂房外墙的各种标志线要重点粉刷
门窗	(1)除去剥落的门窗漆皮,重新粉刷。 (2)厂房内部门窗的油漆不能太过耀眼,防止影响生产。 (3)厂房外侧门窗颜色要统一。 (4)粉刷后的门窗要分类予以编号
地面	(1)地面要统一粉刷。 (2)厂房内部地面的标志线要涂刷醒目,如使用黄色染料。 (3)同一工序地面油漆的颜色保持一致。 (4)将操作工位、物料存放位置粉刷。 (5)地面的角落处要仔细粉刷
墙壁	(1)墙体、屋顶要统一粉刷。 (2)墙体下部要统一粉刷,一般油漆高度为1m左右

续表

重点对象	处理方法
机械设备	（1）设备表面要定期粉刷。 （2）平常要保持设备表面的干净整洁。 （3）设备可以根据工序或生产单元的不同刷上不同的颜色以示区分
工具箱	（1）存放不同工具的工具箱油漆颜色要区分开来。 （2）注意对工具箱的保护和保养。 （3）定期粉刷

2.7.5 注意事项

油漆作战能够使生产现场焕然一新，但是在使用过程中还需要注意以下事项。

（1）油漆作战是一种可视化管理方式，需要赋予不同颜色不同的含义，如表 2-8 所示。

表 2-8 油漆作战的颜色含义

颜色	使用说明	使用范围
红色	为凸显红色，底色一般为白色	用于有关防火、停止、禁止、高度危险的场所。例如，防火标志、防火警示标志、灭火标示、消防栓、灭火器、灭火桶、火灾报知器、紧急停止押扣开关、停止信号旗、禁止标志、禁止警示标志
红黄色	为凸显红黄色，底色一般为黑色	用于可能引起伤害、有危险性的部位。例如，危险标志、危险警示标志，以及开关箱的内面、机械安全盖的内面、露出齿轮的侧面、仪表面板的危险范围、管制塔
黄色	为凸显黄色，底色一般为黑色，或画成黄黑斑马线	用于标示有冲撞、坠落、摔倒等危险的部位。例如，注意标志、注意警示标志、瓦斯标志、地面凸起物、凹坑边缘、楼梯台阶边缘、电线防护具、路障、有害物质容器或使用部位
绿色	为凸显绿色，底色一般为白色	用于标示没有危险的物品，以及与防止危险有关的部位，或进行中的部位。例如，紧急出入口、安全旗、急救箱、护具箱等位置、方向标志或警示标志
蓝色	为凸显蓝色，底色一般为白色	用于除了操作者之外，不允许他人随意操作的部位。例如，修理中或停机部位标志，以及开关箱
白色	一般作为红、黄、绿、蓝等颜色的底色	用于通路标示、方向指示，以及有必要整顿、清洁的场所。例如，通路区域线、方向线、方向标志、废品容器
黑色	一般作为红、黄、绿、蓝等颜色的底色	用于禁止性标识

（2）在油漆作战时，还需要考虑线条规格，如表2-9所示。

表2-9　油漆作战的线条规格

类型	宽度	线形	颜色	画线方法
主通道线	100mm	实线	黄色	地面上沿直线贴透明胶带，两行胶带之间距离为线宽，在胶带间隔区域涂上相应颜色的油漆，油漆干后撤除胶带
辅助通道线	50mm	实线		
作业区区域线	50mm	实线		
检验区区域线	50mm	实线		
原材料区域线	50mm	实线		
半成品区域线	50mm	实线		
成品区域线	50mm	实线		
机台定位线	50mm	四角定位线	白色	
小物品定位线	50mm	四角定位线		
垃圾桶	50mm	四角定位线		
不合格品区域线	50mm	实线	红色	
危险化学品区域线	50mm	实线		
废品区域线	50mm	实线		
回风口	10mm	实线		
警戒线	50mm	虎纹线	黄、黑相间	先涂上黄色油漆，再表面间隔50mm贴上胶带，刷上黑色油漆，油漆干后撤除胶带
配电柜区域线	50mm	虎纹线		
突出物标识线	50mm	虎纹线		
坑道周围区域线	50mm	虎纹线		
危险区域线	50mm	虎纹线		

（3）选择活动时机时必须以不影响现场生产为考虑的首要因素。

（4）在油漆作战之前，要做好前期工作，彻底将杂物、污垢等清除，如锈迹、油污等。

（5）安全防范不可忽视，尤其要注意对易燃设备和易燃物的保护，确保员工人身安全。

2.8 可视化管理

2.8.1 图例

图 2-20 设备操作管理可视化

图 2-21 人员着装规范可视化

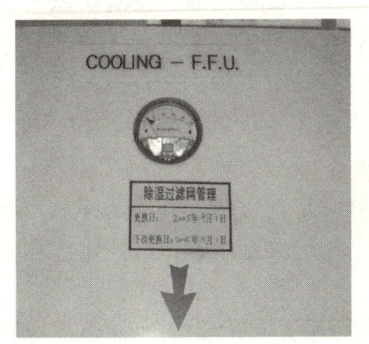

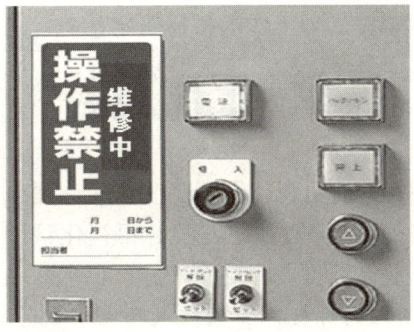

图 2-22 设备维修可视化管理

2.8.2 用途

可视化管理是将工作中的标准、规范、要求和注意事项等内容以各种视觉感知信息的方式呈现出来，借以推动看得见的管理、自主管理、自我控制的一种管理方式。它以视觉信号为基本手段，以公开化为基本原则，综合运用了管理学、生理学、心理学、社会学等多项学科的研究成果。

具体地说，科学的可视化管理对 7S 项目的推行具有以下作用。

（1）促进 7S 项目信息公开，让工作人员自主参与进来，实现自我管理。

（2）有助于迅速了解工作状态、发现异常并改善。

（3）有助于维持现场工作秩序，让人、事、物一目了然。

（4）实现防呆管理目的，有助于提高工作质量。

（5）标明安全可靠的状态或区域，警示危险的状态或区域。

（6）人、事、物一目了然，有助于员工实现自主管理。

2.8.3　适用事项

《精益 7S 现场管理自检手册》中"3.3　线上线下物料管理标准""3.4　作业看板管理标准""4.4　物料存放管理标准"。

2.8.4　使用说明

实施可视化管理，应依照以下步骤进行。

（1）设定可视化管理项目。在工作中进行可视化管理，首先要做的就是设定管理项目，以防工作人员因为找不到重点而盲目执行，影响目标的实现。

（2）选择可视化实施工具。在可视化管理项目设定后，接着要做的就是选择实施工具，为工作的执行奠定基础。可视化管理的工具主要有颜色、看板、线标、信号灯、标志牌、警示线等，在这些工具中，颜色、看板、线标在执行工作中最为常见。其中，不同的颜色会给人带来不同的视觉感官和心理感受，如图 2-23 所示。

（3）开展可视化管理。在完成管理项目设定、实施工具的选择后，就可以开展可视化管理了，这是执行可视化管理工作的关键步骤。可视化管理主要包括以下五大项目。

- ➢ 人的可视化管理。人的可视化管理主要是针对员工的行为进行的，包括行为准则、工作动作、工作纪律等。
- ➢ 物的可视化管理。
- ➢ 作业可视化管理。作业可视化管理主要包括作业目标、作业内容、作业方法、作业标准、作业进度等。
- ➢ 设备可视化管理。设备可视化管理包括对设备状态进行标示、设置设备操作说明书、定置设备等。

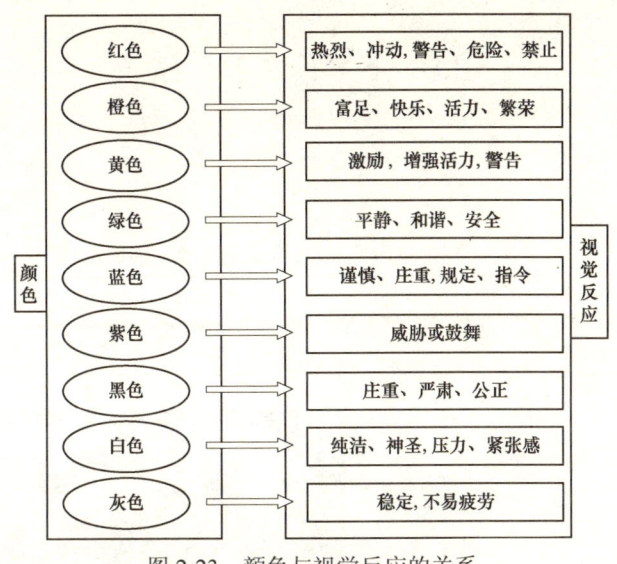

图 2-23　颜色与视觉反应的关系

> 环境的可视化管理。环境的可视化管理是通过对上面四项的系统规划，以及对工作环境的布置和管理实现的。

（4）实施执行效果追踪。在工作中使用可视化管理后，还需要追踪执行效果并不断完善，才能使企业达到高水平的可视化管理，进而真正实现精益化生产。

2.8.5　注意事项

为了实现员工的自我管控，在实施可视化管理时，还需要注意以下事项。

（1）实施可视化管理，颜色运用要规范化。在利用颜色系统实施可视化管理时，一定要保证规范化，以便工作人员在执行过程中准确、有序地进行。

（2）实施可视化管理，看板形式要标准化。在执行过程中经常使用看板实施可视化管理，它在具体工作的实践中应用形式灵活多变，但也应保证看板形式设计的标准化，这一要求主要包括内容标准化和形式标准化两个方面。

（3）运用可视化管理，要让问题显现出来。所谓"让问题显现出来"是指在运用可视管理的场所，管理者一眼即可看出工作中存在的问题，而且可以当场下达指示。

2.9 KYT 法

2.9.1 图例

表 2-10 某企业印刷组/线员工危险预知训练活动

印刷组/线员工危险预知训练（KYT）表		工程部	车间主任	车间安全员
		××	李××	赵××
危险类型（KYT 小组讨论 1R 结果） ① 中毒 ② 晕倒撞伤 ③ 烫伤 ④ 被夹 ⑤ 头疼				
组员	危险描述（2R）	危险类型	对策措施（3R）	责任确认（签字）	审核确认（签字）
赵×	1. 由于忘记戴口罩导致晕倒撞伤	②	1. 每班作业前，班组长检查是否佩戴防护口罩	赵×	周×
李×	2. 由于忘戴口罩导致危害气体吸入肺部	①	2. 作业现场旁设置"戴口罩"标识	李×	吴×
张×	3. 由于未配发口罩导致危害气体中毒	①	3. 建立员工作业安全保障制度	张×	郑×
罗×	4. 由于口罩不匹配导致危害气体中毒	①	4. 规范采购标准	罗×	王×
杨×	5. 由于不习惯戴口罩导致吸入危害气体，经常头疼	⑤	5. 采取强制和必要的惩罚措施	杨×	孙×
一致对策	作业现场旁设置"戴口罩"标识；每班作业前，班组长检查是否佩戴防护口罩			共同确认？ 是（√） 否（ ）	

2.9.2 用途

KYT，也就是危险预知活动，是指针对生产特点和作业全过程，以危险因素为对象，以作业班组为团队开展的一项安全教育和训练活动。它是一种群众性的"自主管理"活动，目的是控制作业过程中的危险，预测和预防可能出现的事故。

在 7S 项目推行过程中，进行危险预知训练具有以下作用。

（1）有助于消除员工安全作业隐患。

（2）有助于消除火灾等安全隐患。

（3）有助于消除设备安全隐患。

（4）有助于消除产品安全隐患。

2.9.3 适用事项

《精益 7S 现场管理自检手册》中"2.4 安全防护标准""6.2 安全保卫管理标准"。

2.9.4 使用说明

KYT 的实施步骤如表 2-11 所示。

表 2-11 KYT 的实施步骤

步骤	事项	KYT 要点	KYT 活动实施步骤说明
1	把握现状	观察到底哪些是潜在的危险因素	（1）组成 KYT 小组，一般 5~7 人，准备纸笔记录。 （2）叫大家举手发言，每人至少提一条，分析发现哪个地方比较危险，会出现什么事故。 （3）假定将来可能出现的危险及可能的事故，经讨论后确定 5 个项目。 （4）不要提太多意见，不然一次解决起来很困难
2	找出本质	分析找出主要的危险因素，不遗漏任何危险	（1）每人指出 1~2 条认为最危险的项目，并在项目前画"□"。 （2）将问题聚焦化，最后形成大家一致认为最危险的项目，合并为 1~2 个项目，并画"○"。 （3）对危险项目进行描述。表述为"由于…原因导致发生…的危险"，全部写出后，小组长高读两遍，然后激情昂扬地带领组员读两遍

续表

步骤	事项	KYT要点	KYT活动实施步骤说明
3	确定对策	可实施的具体对策	（1）根据最危险的因素，每人提出1~2条具体而可行对策。 （2）把对策措施5项合并为1~2项可行性最强的对策
4	设定目标	抱定"下定决心去做"的决心	（1）想出对策，每人设一个目标计划（要是我怎么办，要是你怎么办）。 （2）按照项目所带标记，优先实施最危险的项目，全员设定小组行动目标，并写下来。 （3）小组长用手指着（目标）大喊："…成功、成功"，带领小组成员喊两遍

2.9.5 注意事项

为了消除安全隐患，实现安全生产，在进行危险预知训练时，还需要注意以下事项。

（1）KYT需要依靠集体的力量，只有发挥集体智慧，相互启发才能找到隐患和最佳的对策。

（2）以团队为单位开展KYT活动，最好以班组或作业小组为单元，并指定一名负责人。

（3）讨论要充分开放。负责人宣布参与条件、纪律，保证每个人都能畅所欲言而不被干扰。

（4）相同项目的危险因素识别，结果不求一致，把焦点和精力放在对现状的把握上。

（5）以直观的方式展现作业内容，例如漫画、照片等，以利于员工判断。

（6）严格按商定的对策执行，不允许有例外发生；哪怕是微不足道的事项，都要及时纠正。只有每人都抱持这种态度，才能消除人的不安全行为和物的不安全状态。

2.10 安全标识系统

2.10.1 图例

表 2-12 安全标识系统设计方法

现场效果		图示	说明
禁止类			（1）图案为圆形、红色 （2）斜杠与水平线夹角为 45° （3）内径 d_1=0.8d_2 （4）外径 d_2=0.025L（L 为观察距离） （5）斜杠及外围圆圈宽 c=0.080d_2L
警示类			（1）图案为黄底、黑色正三角形边框（或白底、红色正三角形边框） （2）内变长 d_1=0.8d_2 （3）外边长 d_2=0.025L（L 为观察距离）
提示类			（1）图案是对角为直角的菱形 （2）d_1=d_2
防护类			图案为圆形、蓝底、白色图案
消防类			（1）消防设施标识为红底、白色图案 （2）逃生设施标识为绿底、白色图案

2.10.2 用途

作业现场常见的安全标识主要有禁止、警示、提示、防护和消防五大类。它们构成了现场安全标识系统。常见安全标识如表 2-13 所示。

表 2-13 常见安全标识

序号	标识种类	说明
1	禁止类安全标识	禁止类安全标识是对存在安全隐患、需要绝对禁止的各种作业行为进行目视化管理
2	警示类安全标识	警示类安全标识旨在提醒现场人员注意危险源，从而进行规避和防御
3	提示类安全标识	提示类安全标识用于提示现场人员注意相关危险物品以及特殊物品的保管注意事项，避免误用造成危险
4	防护类安全标识	防护类安全标识常用在必须穿着保护用品的地方，提示员工使用保护类用具，防止发生意外，确保人身安全
5	消防类安全标识	用于消防安全领域的标识，用于消防安全管理工作，是国家规定的安全标准要求

使用安全标识系统对 7S 项目推行而言，具有以下作用。
（1）提高企业生产作业安全系数。
（2）以目视化的方式将需要注意的内容展现出来，提示员工作出正确的动作。

2.10.3 适用事项

《精益 7S 现场管理自检手册》中"2.4 安全防护标准""6.2 安全保卫管理标准"。

2.10.4 使用说明

为了彻底消除班组作业时的安全隐患，使用标识系统时，还需要注意以下事项。
（1）安全标识的大小、粘贴或悬挂的位置要醒目，确保员工一下就可以看到，并作出反应。
（2）安全标识应置于标识对象的周围，以有效提醒员工，例如消防类标识中的"紧急出口"粘贴于逃生门的正上方。
（3）安全标识的材质要用专门的材料，例如塑料、铝板、木板等，确保经久耐用，不易损坏，至于何种材质需按照国标或环境确定。

2.11 5S 时间管理法

2.11.1 图例

表 2-14　5S 时间管理法中"要"与"不要"时间分类表

要的时间	不要的时间
必要的讨论时间	无目的的讨论时间
必要的开会时间	无效率的会议时间
执行任务的时间	聊 QQ、MSN 的时间
浏览必要资料网站的时间	浏览无关网站的时间
检查工作的时间	打游戏的时间
必要的询问时间	接打私人电话的时间
重要邮件的回复时间	不必要的翻看邮件时间
必要的与同事、管理者的沟通时间	与同事喋喋不休闲聊的时间
必要的指导他人时间	没完没了的询问时间
必要的思考时间	走神的时间
收取相关文件时间	吃零食的时间
查阅资料的时间	翻看与工作无关杂志的时间
适度的休息时间	过长的休息时间
接听必要电话的时间	听音乐的时间
下载相关资料的时间	吸烟、喝酒的时间
听必要演讲的时间	看视频的时间

2.11.2 用途

5S 时间管理法来源于现场 5S 管理法。现场的 5S 管理法是对物品开展以整理、整顿、清扫、清洁、素养为内容的管理，以达到清理现场，提高工作效率的目的。5S 时间管理法是在此基础上发展出来的，是对时间开展以整理、整顿、清扫、清洁、素养为内容的管理，以达到规划时间，有效提高时间利用率的目的。

在 7S 项目推行过程中，使用 5S 时间管理法对时间进行管理，主要内容如下。

(1) 整理，选出"要"与"不要"的时间，如上表所示。
(2) 整顿，将时间与任务一一对应起来，并做上标记。
(3) 清扫，检查已用的时间是否有浪费情况，并对其作出改正。
(4) 清洁，对良好时间习惯进行固定化和标准化。
(5) 素养，养成持续良好时间使用习惯。

2.11.3　适用事项

《精益 7S 现场管理自检手册》中"7.3　作业排班管理标准"。

2.11.4　使用说明

对时间进行合理规划并养成良好的时间使用习惯，可以从以下五个阶段进行。

(1) 对时间进行"整理"。即对时间进行分类。甄选出"要"与"不要"的时间。"要"的时间是对工作产生正面影响的时间；而"不要"的时间是对工作产生消极影响的时间，如表 2-14 所示。

(2) 对时间进行"整顿"。要求整顿的结果是每一阶段的时间都要有与之相对应的任务。它可以避免由于对时间的规划不够完善而造成的中途偷懒、无事可做、工作拖延等情形。

(3) 对时间进行"清扫"。主要是对已经使用过的时间进行检查，确认是否存在浪费时间并对其进行修改的过程。

(4) 对时间进行"清洁"。时间的清洁工作主要是对前面三个阶段成果的保持。它将不断完善的时间使用方法进行固定化和规范化，将其作为标准去执行，以提高员工在 7S 推行工作中的执行力。

(5) 养成使用时间的良好"素养"。素养是要求我们养成良好的时间使用习惯，将时间整理、时间整顿、时间清扫坚持下去，才能在 7S 推行过程中始终如一地保持较高的工作效率。

2.11.5　注意事项

使用 5S 时间管理法来消除时间浪费，提高时间利用率时，还需注意以下事项。

(1) 对时间整顿后还需要对其进行可视化管理，即制订出来的工作计划可以通过表格、颜色标记、电话备忘录等方式表现出来，使我们能够更加清晰、明确地执行。

（2）清扫环节不仅要及时清扫，还要有阶段性清扫。及时清扫主要用来及时修改突发的现状，而阶段性清扫能够针对这一阶段的时间利用情况找到最关键的问题，有针对性地进行改善。

2.12 寻 宝 活 动

2.12.1 图例

寻宝活动	改善前	改善后	要点
电线与气管	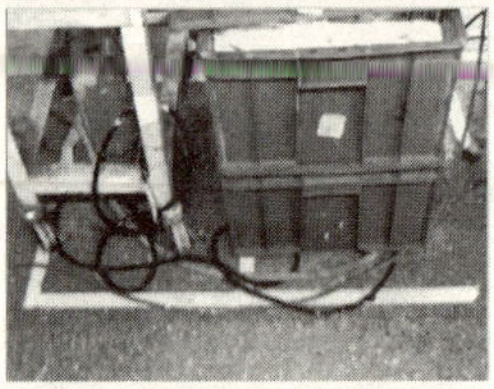 缠绕在一起	 绑扎提起	将管线提起，防止员工被绊倒受伤、发生断电故障等

图 2-24 寻宝活动示例

2.12.2 用途

寻宝活动，是指在整理阶段后期，找出前期工作中未被及时发现的无用物品，或暂时被员工藏在某个角落的其他物品的活动。

在 7S 项目推行过程中，实施寻宝活动主要有以下作用。

（1）清除多余物品，提高生产现场使用空间。

（2）消除卫生死角，让生产现场彻底变整洁。

（3）清除员工个人作业区域多余物品，让作业台整洁有序。

（4）消除因长期无人管理而形成的卫生死角。

2.12.3 适用事项

《精益 7S 现场管理自检手册》中"3.1　工位管理标准""3.3　线上线下物料管理标准""4.4　物料存放管理标准"。

2.12.4 使用说明

开展寻宝活动，不是盲目地去寻找，应遵循以下步骤。

（1）确定寻宝对象。需要指出的是，并不是每个项目都是"宝"，要符合以下条件。

> 重要性。所寻之宝指能够实现标准化作业、缩短作业时间、提高工作效率、改善工作环境、消除安全隐患的项目。
> 难点。不易纠正，项目执行起来较难，多次纠正仍会再犯的错误。
> 长期存在。指长期存在的问题，但未被发现，如闲置设备占用空间、生产线等待、卫生死角等现象。

（2）宣传寻宝活动。向员工宣传寻宝活动的意义，以及实施规范。向员工宣讲如何开展寻宝活动以及通过图片宣传，利用大量图片展示寻宝活动的效果，员工受到的冲击会更大，抵触情绪会大大降低。

（3）确定寻宝活动周期。寻宝活动通常以1个月为一个阶段性周期。在寻宝活动中，应充分利用空闲时段，即使在工作繁忙时，也不应放弃寻宝活动。

（4）制订寻宝活动方案。制订寻宝活动计划，是活动持续进行下去的唯一保证。7S推行小组负责该计划的制订。寻宝活动计划如表2-15所示。

表2-15 寻宝活动计划

部门/班组：＿＿＿＿＿＿＿＿＿＿　　　　　　　　　　　日期：＿＿＿年＿＿月＿＿日

对象	重点问题	处理方法	处理期限	责任人
工作台	是否存在不使用的工具	清除不使用工具		
	工具是否摆放整齐有序	定置、有序摆放		
	工作台下方是否堆放杂物	清理杂物		
	私人物品是否定位放置	物品定置		
现场物料存放	物料存放时是否定位	定位存放		
	物料放置是否整齐	整齐摆放		
	是否存在无用物料	清除无用物料		
通道	通道上是否堆积物料	清除障碍		
	通道拐角处是否有杂物	清理杂物		
	通道上是否有设备	转移设备		
机器设备	是否存在闲置设备	使用或转移		
	设备上是否放置不用物品	清除		
墙面及地面	墙面上是否悬挂无用物品	清理		
	地面上物品摆放是否整齐	整齐摆放		

部门主管审核：　　　　　　　　　　　　　　　生产副总签字：

（5）实施寻宝活动。寻宝活动以个人为单位，每个人每条提至少两件"宝物"，并记录在案，由班组长每周汇总一次，然后于第二周进行改善。个人寻宝活动汇报表如表2-16所示。

表2-16 个人寻宝活动汇报表

部门　　　　　班组　　　　　汇报人　　　　　日期

序号	名称	位置	数量
1	空调网脏污	铸造车间	2
2	机器底部有厚厚的灰尘	1号机台	1
3	油壶底部有油渍	油泵机	1

（6）处理"宝物"，班组长与班组成员一起进行处理，如果是需要丢弃的物品，需要进行。废品处理统计表如表2-17所示。

表2-17 废品处理统计表

部门：_____　　　　　　　　　　　　　　　　日期：_____年___月___日

序号	物品名称	型号	数量	处理方式	部门意见	委员会意见	备注

判定人：　　　　　　　审核人：　　　　　　　批准人：

2.12.5 注意事项

为了使寻宝活动安全、有序地开展，我们在活动中还需要注意下面一些问题。

（1）要对活动时间作出限制，以便及时执行后续管理活动。
（2）提前确定不用物品处理流程，明确相关部门的职权。
（3）提前规划活动区域，确定部门及个人的责任区域，保证活动有序开展。
（4）在找到无用物时，应做到对物不对人，不盲目追溯责任。
（5）在处理无用物之前，应先对其进行保护，在活动过程中员工也要保护自身的安全。
（6）设立奖励机制，提高员工参与活动的积极性。

2.13 洗澡活动

2.13.1 图例

洗澡活动前：机械设备凹陷、脱漆　　洗澡活动后：机械设备焕然一新

图 2-25　设备洗澡活动前后比较

2.13.2 用途

洗澡活动是指在清扫初期阶段，企业全体员工对混乱的生产作业现场进行大扫除，对年久失修的墙壁、门窗、地板和天花板等进行维修和翻新，对油污严重、锈迹斑斑的机械设备进行清洗，使整个生产作业现场焕然一新。

在 7S 项目推行过程中，洗澡活动具有以下作用。

（1）现场设备、设施、车辆、工具有轻微凹陷、表面油脱落时，能够予以处理。

（2）现场设备、设施、车辆、工具长期存在油污、锈迹时，能够对其及时清理。

（3）零部件松动、脱落的情况能及早发现。

2.13.3 适用事项

《精益 7S 现场管理自检手册》中"2.5　作业条件管控标准""3.1　工位管理标准"。

2.13.4 使用说明

洗澡活动在执行过程中，应遵循以下步骤。

（1）确定洗澡活动的时机。

通常，洗澡活动在 7S 项目推行初期进行，被视为"清扫"的得力手段。一般情况下，洗澡活动可在以下几个时间开展。

> 7S 项目推行宣传活动阶段。员工身体力行，有利提高他们的积极性。
> 7S 项目推行初的清扫活动。通过洗澡活动，改善环境，为后续工作奠定基础。
> 7S 项目推行的专项活动。7S 专项活动开展时，用以配合改善现场环境。

（2）确定洗澡活动计划。

开展洗澡活动必须执行计划，避免清扫不彻底或效果不佳等现象。洗澡活动计划包括以下 7 个方面。

> 洗澡活动时间。一般在生产空闲时间进行，尽量避开生产作业繁忙期。
> 洗澡活动对象。依据价值、使用频率确定。
> 参与人员。以班组为单位，成立改善小组。
> 区域/任务分工。划分责任区域，指定专人负责。
> 工具。依据洗澡活动的对象，选择合适的清扫、修缮工具。
> 指导。计划中明确洗澡活动的指导人，一般为 7S 督导员。
> 检查。明确检查项目，以对洗澡活动效果进行评价。

（3）明确洗澡活动方法。

人们要清晰地了解洗澡活动的对象、常见问题、处理方法等，以更好地运用这一工具。洗澡活动常见问题汇总如表 2-18 所示。

表 2-18　洗澡活动常见问题表

对象	常见问题	处理方法
地面	地面上存在油污	专项清理
	地面死角灰尘积累	及时清扫、清洗，开展寻宝活动
	出现的纸屑、散落的零件	马上清理，划分责任区域
设备	设备上累积的油污	定期清理
	设备上的灰尘	下班后清除
	设备表面受到腐蚀	组织专家进行修补
门窗	玻璃上灰尘堆积	专项彻底清洗
	门体布满污渍	及时组织人员清理
	油漆剥落	通知后勤修缮
异味	现场经常有各种异味	定时通风，设置排风设施
……	……	……

2.13.5 注意事项

在进行洗澡活动时,应注意以下事项。

(1) 重点关注设备的洗澡活动。对设备开展洗澡活动是重点工作,所以要按以下要求处理。

- ➢ 对设备进行洗澡活动时,要仔细检查容易漏气、漏水的部位。
- ➢ 检查设备上是否有污垢、磨损或不该放置的异物。
- ➢ 重点检查设备的旋转部分、连接部分和操作部分,在检查中还应确保员工的安全。
- ➢ 对设备进行洗澡活动时,不仅要清洗设备本身,也要经常清洗其附属设备和设施。

(2) 找到"污染源"。人们有时在处理现有问题时只注重表面,结果问题不断发生,导致设备经常会受到污染。为此,人们不仅要清洗设备,还要找到污染源,以杜绝问题再次发生。

2.14　7S 大 脚 印

2.14.1　图例

图 2-26　7S 大脚印

2.14.2　用途

"7S 大脚印"由日本的"7S"发展而来，是现场管理的一种工具。

班组的工作现场有一幅 60 厘米见方、红框、白芯，印一双绿色大脚印的图案，站在上面，能够看到一幅写有"整理、整顿、清扫、清洁、素养、安全、节约"的醒目标牌，这个脚印被称为"7S 大脚印"。

在 7S 项目推行过程中，"7S 大脚印"的应用，具有以下作用。

（1）持续激励基层员工参与到 7S 项目中，使其每日都保持高昂士气。

（2）鞭策后进，促使其改善业务能力。

（3）使优秀员工的经验得到传递和分享。

2.14.3　适用事项

《精益 7S 现场管理自检手册》中"2.2　生产线布局标准""3.1　工位管理标准"。

2.14.4　使用说明

"7S 大脚印"在推行过程中，应遵循如下步骤，如表 2-19 所示。

表 2-19　7S 大脚印的推行步骤

步骤	说明	责任人	要点说明
1	推行组织确定	7S 推行委员会	（1）"7S 大脚印"组织人员，由 7S 推行委员会指派。 （2）在 7S 推行委员会内部挑选负责人。 （3）在 7S 推行小组内选拔具体的执行人员。 （4）同时明确"7S 大脚印"组织的责任分工
2	"7S 大脚印"宣传	7S 推行委员会	企业领导在晨会上向全体员工介绍"7S 大脚印"及其取得的效果，并宣布在企业实行"7S 大脚印"法
3	"7S 大脚印"图案设计	7S 推行委员会	"7S 大脚印"推行组织设计"7S 大脚印"的图案，统一给每个班组绘制
4	"7S 大脚印"试点和推广	7S 推行委员会	"7S 大脚印"可以先在优秀班组进行试点，"7S 大脚印"推行组织就期间出现的问题给予纠正和指导，试点班组运用熟练后向全厂推广

2.14.5　注意事项

使用"7S 大脚印"进行现场管理时，还需要注意以下事项。

（1）牢记初衷。"7S 大脚印"是为了分享经验和激励员工，而不是为了推行而推行，避免人们只重视过程，而忽略了目的。

（2）充分落实。"7S 大脚印"是基于员工的工作方法，所有的内容应围绕员工的实际工作而展开，应落实至每个员工，而不是管理者。

2.15 储位管理

2.15.1 图例

表 2-20 公用工具储位管理

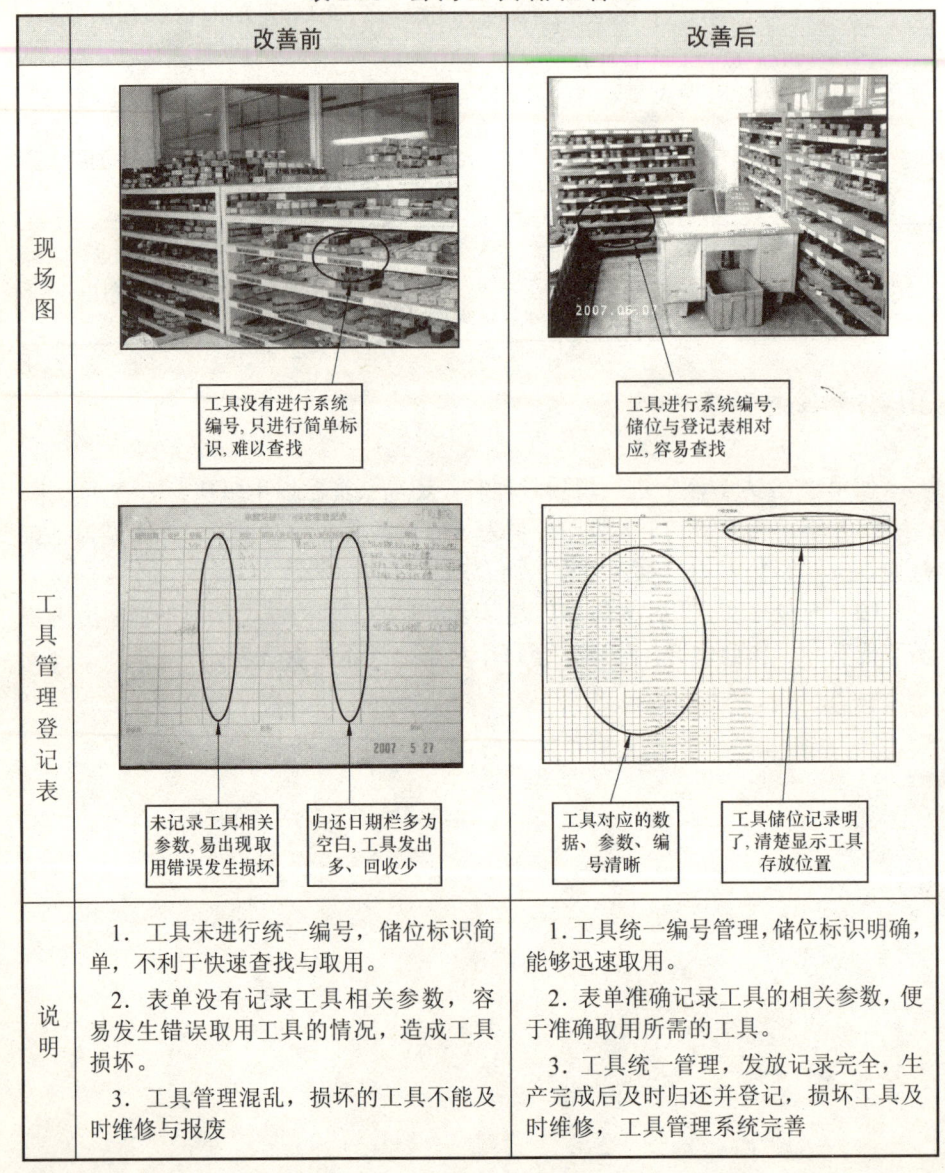

	改善前	改善后
现场图	工具没有进行系统编号,只进行简单标识,难以查找	工具进行系统编号,储位与登记表相对应,容易查找
工具管理登记表	未记录工具相关参数,易出现取用错误发生损坏；归还日期栏多为空白,工具发出多、回收少	工具对应的数据、参数、编号清晰；工具储位记录明了,清楚显示工具存放位置
说明	1. 工具未进行统一编号,储位标识简单,不利于快速查找与取用。 2. 表单没有记录工具相关参数,容易发生错误取用工具的情况,造成工具损坏。 3. 工具管理混乱,损坏的工具不能及时维修与报废	1. 工具统一编号管理,储位标识明确,能够迅速取用。 2. 表单准确记录工具的相关参数,便于准确取用所需的工具。 3. 工具统一管理,发放记录完全,生产完成后及时归还并登记,损坏工具及时维修,工具管理系统完善

2.15.2 用途

储位管理就是利用储位来使物料处于"被保管状态"并且能够明确显示所储存的位置，同时当物料的位置发生变化时能够准确记录，使班组长能够随时掌握物料的数量、位置以及去向。与传统仓储管理模式相比，现代仓储管理更注重时效性，重视物料在拣货出库时的数量位置变化，从而配合其他仓储作业，是一种动态的管理。

在 7S 项目推行过程中，对物料进行储位管理，可以发挥以下作用。

（1）进行储位管理先将储存区域详细划分，并进行编号，让每一种预备存储的商品都有位置可以存放。

（2）货品有效地配置在先前所规划的储位上，方便货品的存取。

2.15.3 适用事项

《精益 7S 现场管理自检手册》中"2.3　工具定置标准""4.4　物料存放管理标准"。

2.15.4 使用说明

进行储位管理前，我们需要识别储位管理的对象以及进行储位管理的具体方法。

（1）储位管理的对象，分为保管商品和非保管商品两类。
- 保管商品。保管商品是指在仓库的储存区域中的保管商品，由于它对作业、储放搬运、拣货等方面有特殊要求，使得其在保管时会有很多种的保管形态出现。
- 非保管商品。非保管商品包括包装材料、辅助材料、回收材料等。对于非保管商品必须用特定的储位来对其进行管理。

（2）储位管理基本方法就是对储位管理原则的灵活运用，具体方法步骤如下。
- 先了解储位管理的原则，接着应用这些原则来判别自己的商品储放需求。
- 对储放空间进行规划配置，空间规划配置的同时选择储放设备及搬运设备。
- 对这些保管区域与设备进行储位编码和商品编号。

➢ 储位编码与商品编号完成后,选择用什么分配方式把商品分配到编好码的储位上,可选择人工分配、计算机辅助分配、计算机全自动分配的方法进行分配。
➢ 商品分配到储位上后,要对储位进行维护。

2.15.5 注意事项

在 7S 项目推行过程中,想通过对物料的储位来合理管控物料时,还需要注意以下事项。

(1) 根据商品特性来储存。

(2) 对于大批量物品,应使用大储位区储存;对小批量物品,应使用小储位区储存。

(3) 将笨重、体积大的品种储存在较坚固的层架底层并接近出货区。

(4) 将轻量商品储存在有限的载重层架。

(5) 相同或相似的商品尽可能靠近储放。

(6) 滞销的商品,或小、轻及容易处理的品种,应放置在较远的储区。

(7) 周转率低的商品尽量远离进货、出货区及其他较高的区域。

(8) 周转率高的物品尽量存放于容易出货的区域。

# 3

现场管理技术

3.1 动作分析法

3.1.1 图例

左手动作分析	操作 移动 把持 等待	操作 移动 把持 等待	右手动作分析
取三角螺帽一个	● ⊃ ▽ ▯	○ ⊃ ▽ ▮	
放于定位夹具上	● ⊃ ▽ ▯	○ ⊃ ▽ ▮	
取M/B	● ⊃ ▽ ▯	○ ⊃ ▽ ▮	
拿住放于定位夹具上	● ⊃ ▽ ▯	○ ⊃ ▽ ▮	
	● ⊃ ▼ ▯	● ⊃ ▽ ▯	拿螺丝起子
	○ ⊃ ▽ ▮	● ⊃ ▽ ▯	按取螺丝
按住M/B	● ⊃ ▽ ▯	○ ⊃ ▽ ▮	
取三角螺帽一个	● ⊃ ▽ ▯	○ ⊃ ▽ ▮	
放于定位夹具上	● ⊃ ▽ ▯	● ⊃ ▽ ▮	
	○ ⊃ ▽ ▮	● ⊃ ▽ ▯	按取螺丝
按住M/B	○ ⊃ ▼ ▯	● ⊃ ▽ ▯	锁螺丝

改善前,双手操作的整个过程需由11个步骤完成

左手动作分析	操作 移动 把持 等待	操作 移动 把持 等待	右手动作分析
取M/B	● ⊃ ▽ ▯	○ ⊃ ▽ ▮	
拿住放于定位夹具上	● ⊃ ▽ ▯	○ ⊃ ▽ ▮	
用夹具夹紧	● ⊃ ▽ ▯	● ⊃ ▽ ▯	用夹具加紧
取三角螺帽一个	● ⊃ ▽ ▯	● ⊃ ▽ ▯	取三角螺帽一个
放于定位夹具上	● ⊃ ▽ ▯	● ⊃ ▽ ▯	放于定位夹具上
拿螺丝起子	● ⊃ ▽ ▯	● ⊃ ▽ ▯	拿螺丝起子
按取螺丝	● ⊃ ▽ ▯	● ⊃ ▽ ▯	按取螺丝
锁螺丝	● ⊃ ▽ ▯	● ⊃ ▽ ▯	锁螺丝

改善后,操作人员只需要8个动作的时间即可完成操作,避免了原操作方案导致的等待浪费,大大缩短了该工序的整体操作时间。

图 3-1　M/B 板组装锁螺丝的双手操作改善前后对比图

3.1.2 用途

动作分析法是将操作动作分解为最小的分析单位——动素,通过对动素进行定性研究,找出合理有效的动作,从而缩短作业时间,达成标准作业。在实

际运用中，我们要对操作者的各种动作分析研究，去掉不增加价值的动作，然后将必要的动作组合成标准动作，并匹配与之相应的工具及工作等。

在 7S 项目推行过程中，对动作进行分析具有以下作用。

（1）7S 项目在推行过程中，详细研究人在操作时的动作，可以消除多余的动作，减轻操作人员疲劳度。

（2）分解作业动作，使得作业简单有效。

（3）使人的操作与设备的运转相配合，提升作业效率。

（4）探讨最适合动作的工夹具和作业范围内的布置。

（5）比较动作顺序、方法改进前后的情况，预测和确认改善的效果。

（6）用记号和图表一目了然地展示动作顺序和方法。

（7）改善动作顺序和方法，为 7S 项目的推行制订作业标准打好基础。

（8）提高能细微分析动作和判断动作好坏的动作意识。

3.1.3 适用事项

《精益 7S 现场管理自检手册》中"4.2 搬运作业管理标准"。

3.1.4 使用说明

实施动作分析，应遵循以下步骤进行。

（1）界定动素类型。动素指人体不能再分割的基本动作，是动作划分的基本单位，组成动作的基本要素。动素一般分为 18 种，如表 3-1 所示。

表 3-1　18 种动素的定义

动素定义			分类	A. 工作有效推进的动作		
				B. 造成工作延迟的动作		
				C. 动作本身不能推进作业		
序号	名称	英文缩写	符号	符号说明	分类	定义
1	伸手	TE	∪	手中无物的形状	A	空手移动，伸向目标，又称空运
2	握取	Grasp	∩	手握物品的形状	A	手或身体的某些部位充分控制物体
3	移物	TL	⌣	手中放有物品的形状	A	手或身体的某些部位移动物品的动作，又称实运
4	装配	Assemble	#	装配的形状	A	将零部件组合成一件物品动作

续表

动素定义			分类	A．工作有效推进的动作 B．造成工作延迟的动作 C．动作本身不能推进作业		
序号	名称	英文缩写	符号	符号说明	分类	定义
5	拆卸	Disassemble		从装配物拆离物品的形状	A	将装配物进行分离和拆解的动作
6	使用	Use		User 的 U 字形	A	利用器具或装置所做的动作，称使用或应用
7	放手	RL		从手中掉下物品的形状	A	握取的相反动作，放开控制物的动作
8	检查	Inspect		透镜的形状	B	将目的物与基准进行品质、数量比较的动作
9	寻找	Search		眼睛寻求物品的形状	B	能过五官找寻物体的动作
10	发现	Find		找到物品的眼睛形状	B	发现寻找目的物的瞬间动作
11	选择	Select		指定选择物箭头形状	B	多个物品中选择需要物品的五官动作
12	计划	Plan		手放头部思考的形状	B	作业中决定下一步工作的思考与计划
13	预定位	P-P		透镜的形状	B	物体定位前先将物体定置到预定位置，又称预定
14	定位	Position		物品放在手前端形状	B	以将物体放置于所需正确位置为目的而进行的动作，又称对准
15	持住	Hold		磁石吸住物体形状	C	手握物品保持静止状态，又称拿住
16	休息	Rest		人坐于椅上形状	C	为消除疲劳而停止工作的状态
17	迟延	UD		人倒下的形状	C	不可避免的停顿
18	故延	AD		人睡觉的形状	C	可以避免的停顿

（2）展开动作分析。在界定了动素类型后，便可开展动作分析。动作分析详情如表 3-2 所示。

表3-2 动素分析示例

操作名称：焊锡				操作人员：		分析人员：		
左手					右手			
具体操作	时间（s）	符号	动素	符号	动素	时间（s）	具体操作	
手到锡线			伸手		伸手		手到烙铁	
拿起锡线			抓取		抓取		抓起烙铁	
送到锡点处			移动		移动		送到焊点	
就位			定位		定位		就位	
焊锡			握持		使用		焊锡	
送往原处			移动		移动		送回原处	
放手			放手		放手		放手	

（3）动作经济性检查。对动作进行分析检查，以取消第三类动作，取消或简化第二类动作，简化第一类动作。动作经济性检查表如表3-3所示。

表3-3 动作经济性检查表

作业名		姓名	单位		
项目	内容			检查	备注
				是 / 否	
能否取消伸手或者将其变得更容易	（1）能否把目的物放近，缩短动作的距离； （2）放开动作和下一个握取动作能否同时进行； （3）能否采用自重式滑道来取消伸手移动； （4）能否把手的上下移动改变成左右移动				
能否使握取变得容易	（1）能否改变盛装目的物的容器以便于握取； （2）能否改变目的物的形状以便于握取； （3）接触式能否替代抓取； （4）能否改变目的物的位置、方向以使其便于握取； （5）夹具的使用是否方便零件的拆卸与抓取				
能否取消移物或者让移物变得更容易	（1）能否把移物改为滑槽或输送带传输； （2）能否把工具吊在靠近员工处； （3）能否通过夹具自动送进； （4）能否改变成便于握取的方向和角度； （5）能否把目的物放置处靠近作业区域； （6）能否通过使用夹具来帮助移物； （7）大型运输设备的使用是否会延长运输时间				

续表

作业名		姓名		单位			
项目	内容				检查		备注
					是	否	
能否取消装配或使其变得更容易	（1）能否在零件上安装滑槽； （2）能否改变零件的设计与装配方法						
能否取消拆卸或使其变得更容易	多个零件能否同时拆卸						
能否让使用变得更容易	（1）能否改变工夹具的握持方法与握持位置； （2）是否使用了电动工具； （3）能否改变工夹具的大小、形状和重量； （4）能否将两个以上的工夹具合成一件						
能否取消放开或使放开变得更容易	（1）能否在运输途中放开； （2）能否使用夹具以便于放开； （3）能否一直由手拿着； （4）能否一只手放开工件，另一只手握持其他工件； （5）能否改变放开位置； （6）放开的位置是否便于进行下一项操作						
检查项目是否可以取消或使检查变得更容易	（1）能否与样品比较； （2）能否一次检查多样； （3）能否同时检查正、反两面； （4）能否用量仪和测量工具测量； （5）能否将两个以上的检查动素合并为一个动素； （6）被检查动作能否由设备代替完成						
能否取消定位或者让其变得更容易	（1）工具是否处于悬挂状态； （2）能否改变持物方法； （3）能否改变形状抓住零件； （4）能否装上定位销或导槽						
能否取消寻找、或使其变得更容易	（1）对物件进行特别标示（用标签或涂颜色）； （2）良好的工作场所布置； （3）是否需要特殊的灯光； （4）物件、工具有固定位置，并置于正常工作范围内； （5）培训操作人员，养成习惯性动作						

续表

作业名		姓名		单位			
项目	内容				检查		备注
					是	否	
能否取消发现或使其变得更容易	用形象图案（符号）、颜色等方法表示						
能否取消选择或使其变得更容易	（1）能否在作业区域内不放置其他不必要的物体； （2）有无选择的必要； （3）能否完好放置目的物的位置； （4）能否让目的物与作业顺序无关； （5）能否改变目的物的颜色和形状						
能否取消思考计划	（1）能否把作业方法简洁化； （2）能否借助作业标准取消思考动作						
能否取消预定位	（1）能否把工具吊起来以取消预定位； （2）能否使目的物放置不需要预定位； （3）能否制作出便于后续动作的工具放置台						
能否取消持住或使持住变得容易	（1）能否改变持住动作的方向和方法； （2）能否使用持住夹具； （3）能否改变持住目的物的位置、方向、形状与重量						
能否取消休息	（1）能否轻松完成工作； （1）座椅的高度是否合适； （3）是否坐立交替作业						
能否取消不可避免的延迟	（1）能否接受其他的动作； （2）能否使用双手同时作业						
能否取消不可避免的耽搁	（1）能否查明耽搁的原因； （2）有否取消耽搁的方法						

3.1.5 注意事项

为了使动作更加合理，缩短作业时间，形成标准作业，在进行动作分析时，还需要注意以下事项。

（1）使用动作分析法，要以减少动作数量、追求动作平衡、缩短动作的移动距离、使动作轻松简单为根本目标。

（2）使用动作分析法，应根据实际情况发掘合适的改善方法，以保证员工顺利进行标准作业，并提高作业效率。

3.2 看板管理

3.2.1 图例

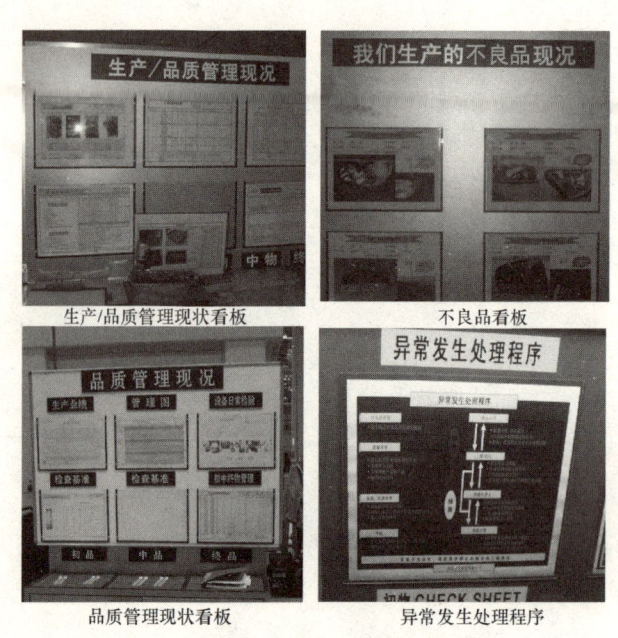

生产/品质管理现状看板	不良品看板
品质管理现状看板	异常发生处理程序

图 3-2　品质管理看板

3.2.2 用途

所谓看板管理，是指将有关的数据、信息通过各种形式（例如现况板、电子显示屏、标语等）表示出来，以便及时掌握管理现状和必要信息，从而快速制订并实施相应的对策。

看板在 7S 项目推行过程中可以发挥以下作用。

（1）传递现场的生产信息，统一对 7S 思想的认识。

（2）杜绝现场管理中的漏洞。

（3）绩效考核的公平化、透明化。

（4）保证生产现场作业秩序，提升公司形象。

3.2.3 适用事项

《精益 7S 现场管理自检手册》中"3.4 作业看板管理标准"。

3.2.4 使用说明

目前,国内企业最常使用的看板主要包括 8 类,如表 3-4 所示。

表 3-4 企业常用看板类型

序号	项目	内容	序号	项目	内容
1	工序管理	交货期管理看板 工作安排管理看板 负荷管理看板	5	设备管理	动力配置图 设备操作管理看板 设备保全、点检管理看板
2	作业管理	考勤管理看板 人员配置看板 工具管理看板 目标、进度看板 技能看板	6	事务管理	人员去向看板 心情天气图 车辆使用管理看板 班会管理看板
3	品质管理	品质方针看板 品质状况看板 异常处理看板 不良品揭示看板	7	士气管理	改善活动推进看板 7S 成就展览看板 新员工介绍角
4	物料看板	物料存量看板 物料初入库管理看板	8	后勤、安全看板	宿舍制度管理看板 安全提示看板

看板用于清楚地传递各种信息。因此,在制作看板时需要一定的技巧。制作高质量的看板,需要做好以下两个方面的工作。

(1) 选择好看板种类。常见的看板种类有:如表 3-5 所示。

表 3-5 常见的看板种类

种类	使用说明
黑板	用粉笔将内容书写在黑板上;或事先将信息内容设计成纸制版面,然后粘贴在黑板上
白板	使用油性笔将所要公布的内容书写在白板上,或用磁铁进行吸贴(白板是一个磁性体)
KT 板	事先将所要公布的内容利用电脑编辑成版面,并打印,最后将版面纸张粘贴在 KT 板上

续表

种类	使用说明
钢板	事先在钢板上打若干个小方孔，然后将要展示的工具、零件挂在方孔上，用于实物展示
电子板	事先向电子看板制作厂家说明电子看板所要展示的内容，厂家根据要求编制相应软件即可

（2）适当设计看板内容和形式。

看板形式要求如下。

- ➢ 版面大方，条理清晰；
- ➢ 分栏要整齐、美观，比例协调；
- ➢ 外框用有机玻璃或透明胶套定型。

看板内容要求如下。

- ➢ 文字表达要完整、简洁、具体；
- ➢ 图文兼用，版面活跃；
- ➢ 尽量多用图表形象化地说明问题。

3.2.5 注意事项

利用看板管理可以提高作业效率、排除安全隐患，推进 7S 项目的开展。但需要注意以下事项。

（1）做好看板的维护。

做好看板的维护工作，以保证所传递的信息新鲜、新颖，能时刻受到现场人员的关注。维护好看板，具体需做好以下 4 项工作。

- ➢ 安排维护和管理看板的责任人。
- ➢ 根据需要，定期更新看板的内容。
- ➢ 定期清洁和保养看板。
- ➢ 看板损坏后，应及时更换新板。

（2）避免看板风波。

企业在实行看板管理后，如果看板的内容不准确，那么现场的员工会产生不满，这种现象称为看板风波。看板风波出现的原因主要有以下几点。

- ➢ 看板内容表达错误或陈旧。
- ➢ 看板上漏掉了重要内容。
- ➢ 看板过时，缺乏创意。

正是由于看板管理过程会出现以上情况，因此，负责看板的管理者要在实际工作中逐步改善，争取将看板管理工作做到最完美状态。

3.3 TPM 管 理

3.3.1 图例

龙头
1-1 顶罩
1-2 顶罩风机连线
1-3 齿轮箱
1-4 转动轴
1-5 防护栏
1-6 二层钢架平台

电子提花龙头
2-1 龙头罩壳
2-2 锁架
2-3 废边齿轮
2-4 龙头开口同步轮
2-5 绳钩架
2-6 固定架
2-7 钩架
2-8 海底板
2-9 龙头电箱
2-10 龙头架

设备名称		剑杆织机		厂牌		高剑			型号	SGA726-230	
序号	主项目	序号	子名称	负责人	保养维护说明	保养项目				使用工具	注意事项
						检修	加油	清洁	调整	更换	周期		
1	龙头	1-1	顶罩	A	表面干净，油漆完好			√			日	抹布	1.保养机器必须在关掉电源后进行；
		1-2	顶罩风机连线	A	连接规范，无松动现象	√		√			周	电工工具	
		1-3	齿轮箱	A/B	表面干净，功能正常	√	√	√			周	抹布、机修工具	

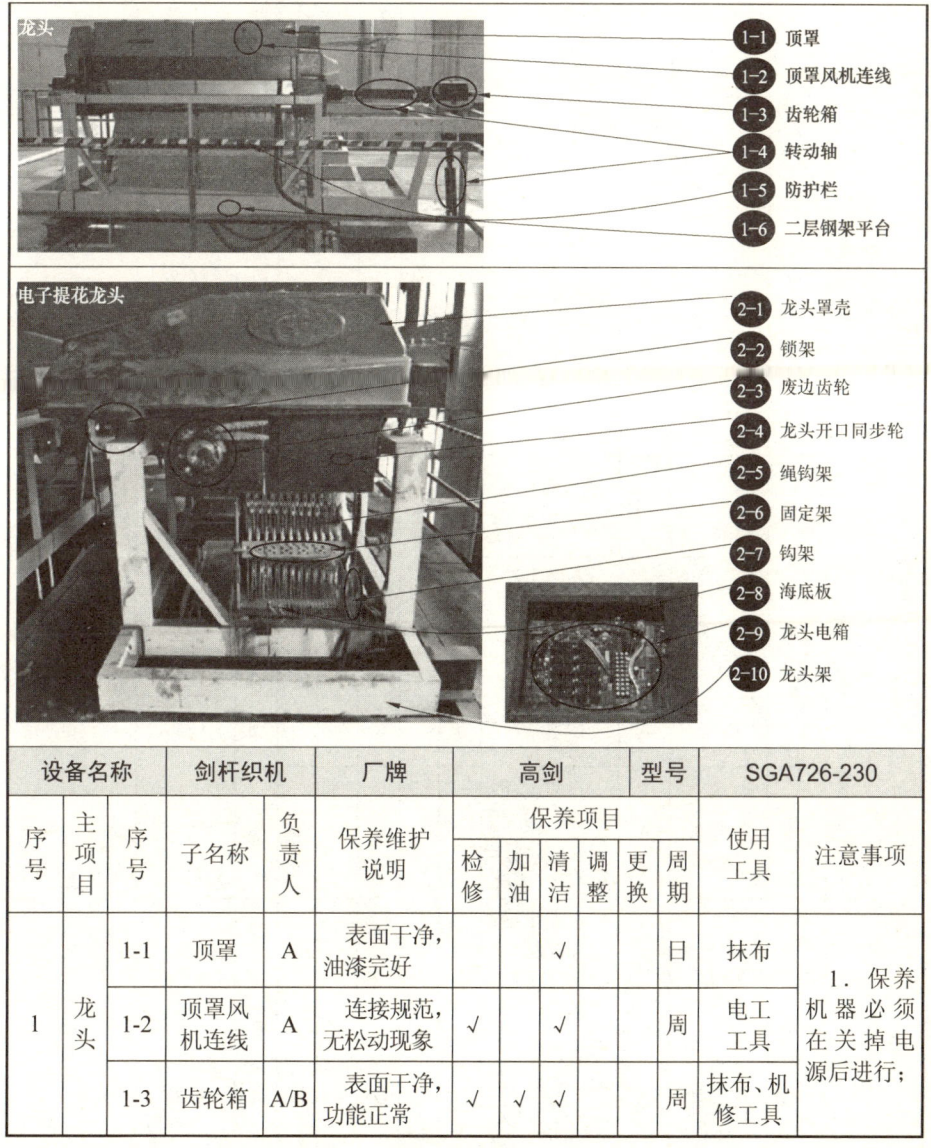

图 3-3 某企业织机保养书（一）

设备名称			剑杆织机		厂牌		高剑			型号	SGA726-230	
序号	主项目	序号	子名称	负责人	保养维护说明	保养项目					使用工具	注意事项
						检修	加油	清洁	调整	更换	周期	
1	龙头	1-4	转动轴	A	表面干净，标识完好			✓			周	抹布
		1-5	防护栏	A	表面干净，无灰尘、油污等垃圾			✓			日	抹布
		1-6	二层钢架平台	A	表面干净，无灰尘、油污等垃圾			✓			日	抹布、扫把
2	电子提花龙头	2-1	龙头罩壳	A	表面干净，油漆完好			✓			日	抹布	1. 保养机器必须在关掉电源后进行；2. 加油时，不能外漏，必须加在注油孔和运转部位。
		2-2	锁架	A	表面干净，功能完好	✓		✓			周	抹布
		2-3	废边齿轮	A	表面干净，运行畅通	✓	✓	✓			周	抹布、机修工具
		2-4	龙头开口同步轮	A/B	表面干净，功能正常	✓		✓			周	抹布、机修工具
		2-5	绳钩架	A/B	表面干净，功能完好	✓					周	抹布
		2-6	固定架	A	表面干净，固定牢靠	✓					周	抹布
		2-7	钩架	A	表面干净，固定牢靠	✓					周	抹布
		2-8	海底板	A	表面干净，无油污灰尘，且固定牢靠			✓			周	抹布
		2-9	龙头电箱	B	表面干净，无油污灰尘，且固定牢靠			✓			周	抹布、电工工具
		2-10	龙头架	A	表面干净，无油污灰尘，且固定牢靠			✓			周	抹布

图 3-3 某企业织机保养书（二）

3.3.2 用途

TPM（Total Productive Management，全员设备维护），是日本人在 70 年代提出的一种全员参与的生产维修方式，其重点是"生产维修"及"全员参与"。

建立一个全系统员工参与的生产维修活动，在 7S 项目推行过程中，具有以下作用。

（1）减少设备故障和设备磨损，减少设备问题带来的停工，减少浪费。

（2）减少设备寿命周期费用，控制设备使用成本，节约设备使用过程中的成本。

（3）提高设备综合效率，使设备性能达到最优。

3.3.3 适用事项

《精益 7S 现场管理自检手册》中"8.2　设备运作管理标准""8.3　设备养护管理标准"。

3.3.4 使用说明

TPM 自主管理的推行并非一蹴而就的，而要逐步进行。通常情况下按照以下方式进行推进。

（1）7S 推行阶段，这是推进 TPM 自主管理的准备阶段，区分必要物品和不必要物品，将不必要物品予以丢弃，使用场所只留下有用的必要物品，并确保其容易找到。

（2）现场培训。向员工传授 TPM 知识，使员工有能力发现设备问题缺陷。

（3）改善困难源和问题源。通过改善设备、清扫不易处理的部位，找出问题目标，继而确定解决问题的有效方法。

（4）编制基准书。根据前面的实践经验，编制有效的操作基准书。

（5）总点检。理解设备的构造、机能，点检构成设备的主要机构和零件，通过实施总点检，发现设备在功能上的缺陷，并进行修复，提升设备的使用效率。

（6）自主点检。让员工充分认识工序的性能、调整方法、及时反映策略，提升操作可靠性，提升工序操作能力。

（7）日常保全的效率化。让员工明确理解设备和品质的关系，实施 4M 管理，完善操作基准书，提高点检、清扫、加油、紧固等工作的质量和效率。

（8）自主管理，开展持续管理活动。将前面各步骤的操作内容予以体制化、习惯化，持续改善标准及设备的不合适点，提升设备排障能力。

3.3.5 注意事项

为减少设备故障，降低设备损耗，进行全员设备维护时，还需注意以下事项。

（1）管理者必须正确认识初期清扫的重要性，将清扫活动排入日常工作行程，并纳入考核绩效管理中。

（2）在实施 TPM 第二步——改善困难源与问题源时，需编制清扫一览表和问题对策表等，将工作格式化，使工作细节一目了然。

（3）在基准书形成后，管理者需要根据基准书，对操作者进行相关的操作培训，并在总点检和自由点检过程中，实现标准化操作。

（4）实施 TPM 管理后，需要建立自主保全体系，以持续性地进行设备自主管理的改善工作，提升设备管理及现场管理的排障能力。

3.4 BOM 管 理

3.4.1 图例

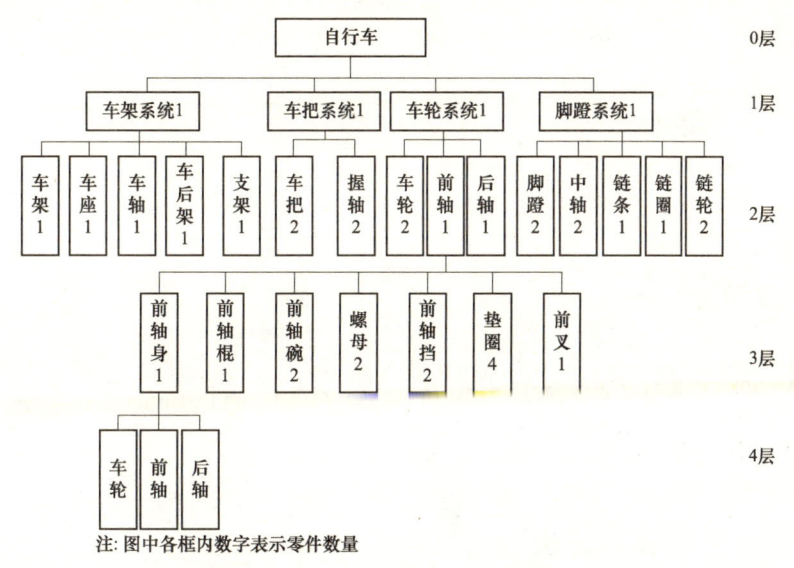

图 3-4 自行车树型 BOM 图（部分）

3.4.2 用途

BOM（Bill Of Material）也就是物料清单，它是以企业资源规划系统（ERP）为载体的、衔接生产计划和物料供应的一种工具。它详细记录了一个项目所用到的所有下阶材料及相关属性，因此也被称为材料表或配方料表。

在 7S 项目推行过程中使用 BOM 管理，具有以下作用。

（1）明确物料供应种类，以确保物料的准确供应。

（2）统计物料数量，以便提前做好采购计划。

（3）明确物料配发对象，以保证物料按地、按量供应。

（4）明确物料配发顺序，以保证物料按时供应。

（5）进行加工过程的跟踪和全流程记录，进行物料追溯。

一般产品的生产要经过工程设计、工艺制造设计、生产制造 3 个阶段。在这 3 个阶段中分别产生了内容不同的三种物料清单——EBOM、PBOM、CBOM。

（1）EBOM。EBOM 是工程设计管理中使用的数据结构，精确地描述了设计指标和零件与零件之间的关系。主要形成产品明细表、材料定额明细表等。

（2）PBOM。通过 PBOM 可以明确地了解零件与零件之间的制造关系，跟踪零件的制造流程，是生产管理的关键管理数据结构之一。

（3）CBOM。CBOM 是产品的总体信息，包括产品明细表、图样目录、材料定额明细表等，一般在设计结束时汇总而成。

3.4.3 适用事项

《精益 7S 现场管理自检手册》中 "4.5 物料追溯管理标准"。

3.4.4 使用说明

BOM 多存在于 ERP 或者 MRP 软件系统中，所以它的生成就是从在软件中建立 BOM 开始。

首先，选择产品型号，进入初始屏幕，如图 3-5 所示。

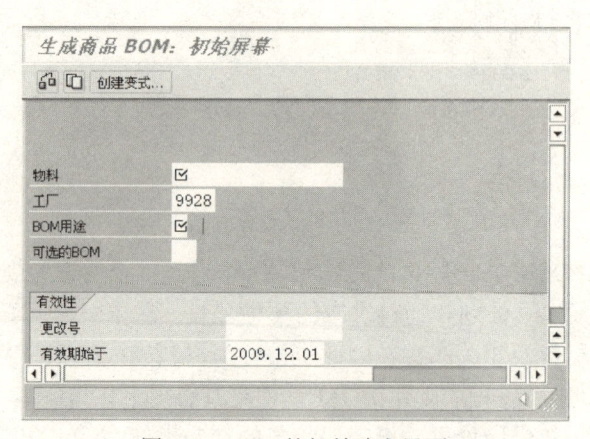

图 3-5 BOM 的初始建立界面

图中带钩的是必填的项目，按入回车键进入下一步骤。然后开始填写数据，按提示操作，如图 3-6 所示。

在"组件"栏目内，输入一个子件的物料号。接着，系统会提示选择 ICT 类别，选择"非库存物料"，输入"数量""单位"，添加成功，再按回车继续添加其他子件。

最后，系统会自动生成各种物料的 BOM 单，如图 3-7 所示。

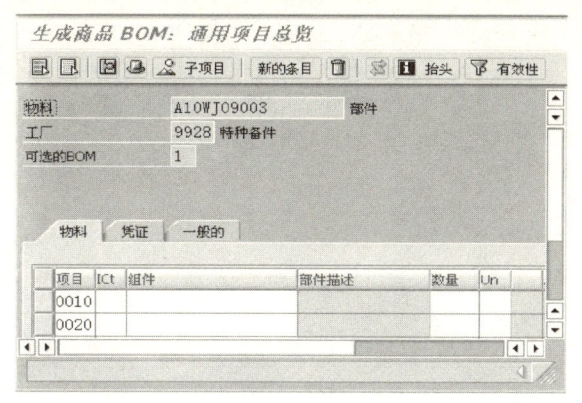

图 3-6　BOM 的信息添加

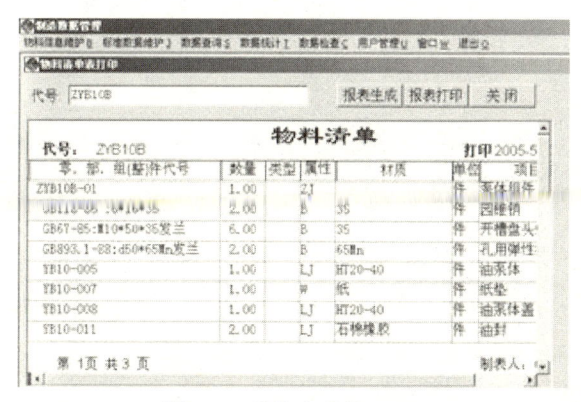

图 3-7　系统生成的 BOM

3.4.5　注意事项

在生产的各个环节中都可能涉及 BOM 文件的使用。因此，在使用 BOM 时，应注意以下事项。

（1）生产人员在编制 BOM 文件时要注意文件的准确性和文件生成的及时性。

（2）应注意避免 BOM 文件的缺失，以免影响生产进度和生产质量管理。

3.5 ABC 分类法

3.5.1 图例

表 3-6 某五金店库存 ABC 分类示意图

序号	名称	品种数	金额（万元）	品种数占比	金额占比	分类
1	钢材类	30	160	5.56%	39.51%	A
2	电工材料	60	130	11.11%	32.10%	A
3	小五金类	90	60	16.67%	14.81%	B
4	工器具类	80	20	14.81%	4.94%	B
5	其他类	210	15	38.89%	3.70%	C
6	化工类	45	12	8.33%	2.96%	C
7	劳保类	25	8	4.63	1.98%	C

3.5.2 用途

ABC 分类法是指将库存物品按品种和占用资金的多少，分为特别重要的库存（A 类）、一般的库存（B 类）、不重要的库存（C 类）三个等级，然后针对不同等级分别进行管理和控制，如表 3-7 所示。

表 3-7 ABC 分类法控制模式图

物料类别	控制方式	占库存总金额	库存品种数量	控制等级	订货方式
A 类物料	投入较大力量压缩库存，精心管理并将库存压至最低水平	75%～80%	15%～20%	严格控制	定期订货
B 类物料	根据实际情况随机调节库存，如果库存水平较低，则采取减少订货量和库存的方式加以控制	10%～15%	20%～25%	一般控制	定期、定量订货
C 类物料	投入较少的力量管理，增加库存储备	5%～10%	60%～65%	自由处理	集中大量订货

这种库存管理方法适用于所有类型的库存管理，并对库存管理予以有效指导。运用 ABC 分类法对库存进行管理具有以下作用。

（1）区分物料属性和价值，有利于实施差异性化管理，实现 7S 项目推行仓库标准化管理。

（2）实现分类控制，确保物料存储结构的合理性。

（3）保持物料存储成本处于最低水平。

（4）便于分类实施物料订购，保持合理的物料库存量。

3.5.3 适用事项

《精益 7S 现场管理自检手册》中"4.4 物料存放管理标准"。

3.5.4 使用说明

对物料库存的分类并不是随意的，在对物料类型进行分析时，为确保 ABC 分类的准确性，应按照以下步骤进行。

（1）数据搜集，按分析对象和分析内容，搜集有关数据。例如，在分析产品成本时，应搜集产品成本因素、产品成本构成等方面的数据。

（2）数据处理，利用搜集到的年需求量、单价，计算出各种库存物料的年耗用金额。

（3）编制 ABC 分析表，比较各种库存物料的年耗用金额的大小，将库存物料按照年耗用金额从大到小进行排列，然后计算累积百分比。如表 3-8 所示。

表 3-8 ××超市仓库物料的 ABC 分析表

序号	物料编号	年耗用金额（元）	占全部金额的比重	累积百分比	分类结果
1	A325	98000	46.64%	46.64%	A
2	A326	82569	39.30%	85.94%	A
3	A327	22558	10.74%	96.68%	B
4	D205	5861	2.79%	99.47%	C
5	R602	1121	0.53%	100%	C
合计	—	210109	100%	—	—

（4）确定分类，根据分析表和已计算的年耗用金额的累积百分比，按照 ABC 分类的基本原理，对库存物料进行分类。

（5）绘制 ABC 分析图，以库存物料的品种数百分比为横坐标，累计耗用金额百分比为纵坐标，在图上取点，并连接各点，绘成 ABC 曲线。按曲线上对应的数据，再以 ABC 分析表来确定 A、B、C 三个类别，并在图上作出标注，如图 3-8 所示。

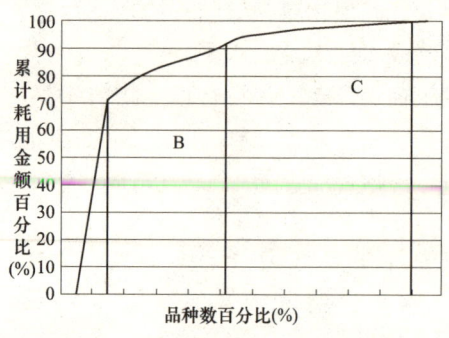

图 3-8　某仓库物料的 ABC 分析图

3.5.5　注意事项

由于各类物料的重要度等各方面各有不同，因而所采用的管理方式也大不相同。

（1）对 A 类物料进行管理时，应注意以下事项。

- 尽可能准确地预测，绝对不能出现缺货现象，同时库存量要维持在最低水平。
- 针对 A 类物料，应该调查过去企业内部的需求对象、主要客户的销售情报、生产计划和库存情况。

（2）因为将重点放在 A 类物料的管理上，所以不能用 A 类物料的管理方法来管理 B 类物料。对 B 类物料进行管理时，应注意以下事项。

- 不仅要筹备必要数量的物料，也要考虑某种程度的经济订购量。
- B 类物料品种数量较多时，采用定量订货的方式来确定基本的库存量。当库存下降时，也可以采用定量采购的简便库存方式。
- 品种数较少时，最好根据过去的需求量数据进行需求预测，并计算需求量。

（3）C 类物料在所有物料种类中占据很大的比例，但其在销售总额中所占的比重却不大。管理 C 类物料时，可适当加大订购批量和储备量，减少日常管理工作，简化手续，减少管理费用。

3.6 资源统筹管理

3.6.1 图例

表 3-9 某企业仓库一天进出货资源统筹计划表

时间	统筹管理	具体事项
08:00—8:59	领料	根据领料单进行发货,并及时记账
09:00—9:59	收货	验收货物,填写入库单
10:00—14:59	核对	核对账单数量与实际物品之间是否有差值
15:00—17:00	盘点	对仓库物品集体盘点,报废物品及时处理

3.6.2 用途

这里所说的"资源"是指所有参与运作的资源,它包括物力资源(如生产物料资源、生产设备资源、生产工具资源等)、人力资源以及信息资源等。资源统筹管理是对企业具有的所有资源进行集中规划、统一调配和创造性协调等。

在 7S 项目推行过程中,通过对资源统筹管理可以产生以下效果。

(1)准确掌握产能状况。
(2)有效规划生产作业,确保企业运作的有序性。
(3)最大程度地降低意外风险。
(4)使企业运作成本支出最小化,保证 7S 项目的推行。

3.6.3 适用事项

《精益 7S 现场管理自检手册》中"4.4 物料存放管理标准"。

3.6.4 使用说明

资源统筹管理主要分为五个步骤,分别是:统一筹测(预测)、统一筹划(计划)、统筹安排(实施)、统一运筹(指挥)、统筹兼顾(掌控)。

（1）物力资源的统筹。物力资源的数量庞大、种类多样，如果对其管理不善，很容易导致资源数量不明、资源分布不均、资源丢失或损坏等情况。物力资源统筹管理的关键点如表3-10所示。

表3-10 物力资源统筹管理的关键点

统计管理	要点
1. 收发、领用	（1）采用入库单、领料单等原始凭证，并对资源的数量、流向、领用单位及个人、领用期限、信用原因等进行详细说明。 （2）计量、审核、登账等都要严格地按计划实行，对资源要实施限额收发。 （3）遵循"先进先出"的原则，使库存的半成品经常新旧更迭，质量常新。 （4）针对资源增减，建立数字管理制度
2. 记账、核对	（1）资源的收发数量必须及时记账，定期对账。 （2）准确地掌握车间内部和车间之间资源的流转情况。 （3）采用累计编号计算方法，记录资源的报废、代用、补发、回用情况
3. 清点、盘存	（1）对清点中超过定额的物料储备应当优先、积极进行处理，尽量减少在制品的过量生产。 （2）全企业的清点、盘存工作可以定期进行，必须做到"四清，两齐，三一致"。其中，"四清"指规格、数量、材质、价格清楚；"两齐"是指库容整齐、摆放整齐；"三一致"是指账、卡、物保持一致。 （3）对长期领用的资源应定期进行清点，以防因人员流动而造成责任不明；对存放年久、无合格证的资源，应经检验、鉴定合格后方可发出。 （4）在清查仓库的工作中，对已淘汰、质量低劣以及年久腐蚀严重的设备、工具等，应认真地进行清理整顿；对需要处理或报废的资源，由技术部鉴定后，上报主管部门申请处理或报废
4. 投放	在进行资源投放前，需要针对产品的性质及生产的特点，对资源的数量、布置、规模等进行相应的规划，以便使资源得到充分的运用，从而节约成本、提高生产效率。 （1）物料及生产工具的规划及投放。遵循更人性化的动作经济原则，做到定点放置、双手可及、按工序顺序、使用容器、接近使用点等，这样不仅可以提高操作人员的动作舒适度，还可以提高效率，实现省人化管理。 （2）在制品的规划与投放。前后工序应相互协调，通过在制品的单件流动以及生产速度同步化，尽量减少在制品在各工序间的堆积时间，逐步实现在制品的零滞留。 （3）设备的规划与投放。统筹管理者应合理布置、减少产品流的迂回、交叉以及无效的往复运输，并避免物料运输中的混乱、路线过长等现象

因此，统筹管理者必须对资源情况进行盘点、登记，以便随时方便地查询各资源的相关账目信息及耗费状况，并及时清理报废资源和申请补充新资源，

从而确保生产的正常运作。

（2）人力资源的统筹。人力资源是企业运作过程中最重要的元素，而对人力的最优利用程度就是量才适用。为此，人力资源部工作人员和部门管理者必须做好两方面工作。

> 不断收集与员工有关的各种信息，做好人员资质测评，以全面了解员工，掌握基本的人力资源情况。
> 进行科学的人员调配。这在对人力资源进行统筹过程中是最为重要的——它可以满足企业的人力需求，并实现人力资源的价值最大化。

（3）信息资源的统筹。信息资源共享是指在不同层次、不同部门的信息系统间，就信息和信息产品进行交流与共享，以便有效地实现资源合理配置，节约企业运作成本，创造更多的价值。因此，信息共享也是提高信息资源利用率，避免在信息采集、存储和管理上重复浪费的一种重要手段，是实现信息标准化和规范化管理的基础。

为了实现企业的信息共享目标，必须确保信息的有效传递，一方面从纵向进行信息传递，把不同层次的经济行为协调起来；另一方面从横向进行信息传递，把各部门、各岗位的行为协调起来，通过信息技术处理人、财、物和产、供、销之间的复杂关系。

3.6.5 注意事项

要实现对资源的合理统筹管理、资源效用最大化，还需要注意以下事项。

（1）获取准确的资源信息。资源统筹管理的对象是资源。资源信息的准确性直接决定了统筹计划的制订和统筹结果的实现。假设统筹管理者得到的资源信息显示"5台设备正常运作"，那么统筹管理者就会按照这个信息去安排人员、工时等；但是如果实际上其中有一台存在故障，那么这个失误的统筹计划就难以按照预期完成。所以，统筹管理者必须仔细确认信息的准确性。

（2）预留一定的弹性时间。工作中总会出现各种意外事件，如果资源安排得过于紧张，会导致企业无力应对。因此，在统筹管理过程中必须要预留一定的弹性时间，以处理一些可能发生的、又不可预料的事情。

（3）随时掌握当前资源信息。遭遇突发状况是企业管理最不愿意见到的事情，但却会使人们更深刻地感受到资源统筹管理的重要性。由于统筹管理者需要随时掌握企业当前的资源利用情况，因而在面对意外情况时，他们往往能够更容易快速采取调整措施，重新进行资源调配。当然，这也对统筹管理者的统筹能力提出了较高的要求。

3.7 流程分析法

3.7.1 图例

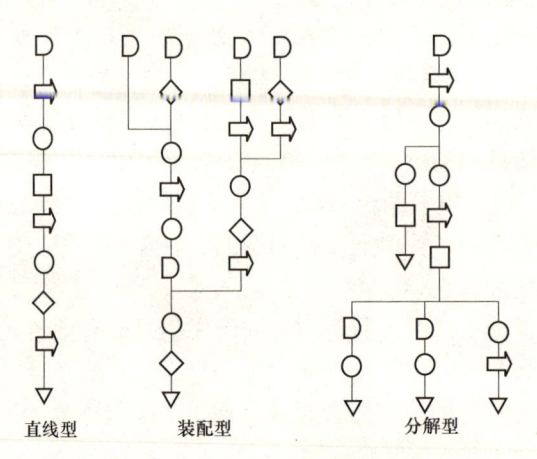

直线型　　装配型　　　　分解型

图 3-9　三种不同类型生产流程分析实例

3.7.2 用途

流程分析以产品的整个制造过程作为研究对象。在系统分析时强调整体性，从原材料购入到成品售出、从第一道工序到最后一道工序都要进行全面的分析。流程分析采用简明的符号对整个生产流程进行准确记录，之后对流程研究分析以发掘可改进之处。

在 7S 项目推行过程中，对产品进行流程分析具有以下作用。

（1）可以将产品生产流程的整个过程比较直观地显示出来。
（2）可以帮助我们系统地制订改善计划，以提升生产效率。

3.7.3 适用事项

《精益 7S 现场管理自检手册》中"3.2　流程节拍管理标准""4.2　搬运作业管理标准"。

3.7.4 使用说明

在生产过程中，对产品的处理方法主要有 5 种，即加工、搬运、储存、等待、检验。所以在使用流程分析法前，需事先明确程序分析的基本符号，以及它们的含义，如表 3-11 所示。

表 3-11 流程分析基本符号

名称	符号	含义	示例
加工	○	使加工对象物理或化学性质发生变化	淬火、搅拌
搬运	⇨	使加工对象发生位置移动	传送带搬运
储存	▽	指有计划的存放	原材料、在制品的储存
等待	D	指暂时造成的、非计划的延误	加工等待
检验	□ ◇	检验活动，方形符号表示数量检验，菱形符号表示质量检验	质量检验

在流程分析时，需要对 5 个要素进行合理的改善，如表 3-12 所示。

表 3-12 流程分析要点

名称	符号	分析要点
加工分析	○	生产产品类别、型号的变动很可能导致制造过程的变动，此时就要寻求减少或合并工序以寻求更合理的流程
搬运分析	⇨	搬运分析首先要着眼于流程整体，分析搬运距离、搬运量是否合理，此外搬运工具的优劣和方法也会影响到搬运情况
储存分析	▽	储存分析要首先分析物料采购计划以及仓库管理状况，此外生产进度的安排和调整也必须合理才能避免过量储存
等待分析	D	等待是我们必须要尽量削减的，可以从流程设计等根源处予以彻底改善
检验分析	□	检验是通过发现产品生产中存在的问题来更好地进行生产，检验点的设置、检验手法都应该予以分析

对产品的生产流程进行分析，应遵循以下步骤进行。

（1）确定生产流程的类型。生产流程可以概括性地分为三类。即直线型、装配型、分解型。直线型流程一般来说加工原材料单一、工艺较为简单；装配型流程的特点是原材料类别较多、工艺复杂；分解型流程产出的产品类型较多，不易管理。

(2) 主体分析。主体分析是针对生产过程的主要程序进行的研究。对生产流程记录之后，我们就要系统地分析现状以发现问题，主体分析的要点如表 3-13 所示。

表 3-13 主体分析要点

对象	改善方法
不增值工序	不影响生产顺利进行的前提下予以取消，或拆分后合并到相关工序
相邻工序	研究是否可以合并或重新分配
非相邻工序	分析联系的紧密程度并考虑合并或重排的可能性
关键工序	技术性强、操作复杂的工序可以考虑拆分
同种操作	尽量置于同一工序予以完成

(3) 辅助分析。辅助分析可以帮助我们发现更多的隐藏问题，帮助我们更好地认识流程中存在的问题。辅助分析一般有如下几类，如表 3-14 所示。

表 3-14 辅助分析的一般种类

分析种类	说明
产品分析	以产品作为分析对象，对其结构、功能等与生产相关的特性予以研究。因为产品是企业的根本，通过对产品的分析，更有助于我们发现生产流程中存在的问题，以帮助我们构建简洁、高效的流程
原材料分析	主要分析此原材料是否能够生产出所需质量的产品比如分析原材料的质量对产品质量的影响、原材料最优使用量的确定、原材料余料的再利用是否会影响产品质量等
检验分析	检验方法、工具的应用是否合适，检验标准是否合理都会影响到最终产品的质量
搬运分析	搬运在实际生产中是很普遍的，而且这一环节造成的浪费也很大，严重影响产品的成本和生产效率

3.7.5 注意事项

通过流程图的绘制，制订改善计划、提升作业效率时，应注意以下事项。
(1) 分析前要明确分析的范围。
(2) 让操作员工参与进来可以获得更好的改善方案。
(3) 改善时，要以流程整体最优为首要原则。

3.8 GT 技 术

3.8.1 图例

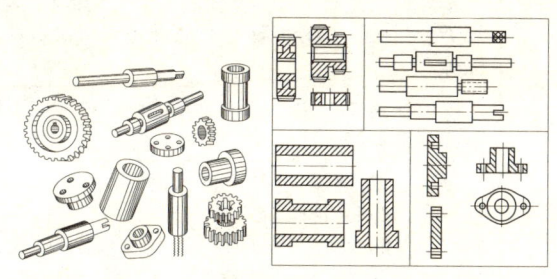

图 3-10 根据相似性对零件的分类

3.8.2 用途

成组技术 GT（Group Technology）是从制造工艺领域的应用开始，并逐步发展成为一种针对多品种、小批量生产的生产与管理技术。

成组技术就是将各不相同但又具有相似性的事物，按照一定的准则分类成组，使若干种事物能够采用同一方法予以解决，从而达到节省人力、时间和费用的目的。

在 7S 项目推行过程中，成组技术的作用主要体现在以下几个方面。
（1）提升生产环节整体的生产效率。
（2）减少生产准备时间。
（3）减少生产转换造成的浪费。

3.8.3 适用事项

《精益 7S 现场管理自检手册》中"3.2 流程节拍管理标准"。

3.8.4 使用说明

成组技术的应用需要企业从产品的零部件设计入手，将生产中所需的零部件进行分类，之后按照类别组织生产线，进而实施生产。成组技术的应用步骤如表 3-15 所示。

表 3-15 成组技术的应用步骤

步骤	应用方法	方法说明
零部件分组	代码分组法	代码分组法是利用零部件分类编码系统对零部件进行编码，再按照零部件代码采用一定的准则进行分组
	生产流程分析法	生产流程分析法是以零部件的加工工艺流程为依据，分析各个零部件后进行分类。具体的方法有关键机床法、顺序分枝法、聚类分析法、键合能法等。此外还有势函数法、模糊模式识别法等
	视检法	视检法是由有生产经验的人员通过对零件图纸仔细阅读和判断，把具有某些特征属性的一些零件归结为一类
制订加工工艺	复合零部件法	复合零部件法是指在一个零部件组中，设计一个能包含这组零部件全部的几何特征的零部件作为复合零件，其加工工艺则为该组零部件的成组工艺。即设定一个标准化的并且代表性强的零部件
	复合工艺路线法	复合工艺路线法是根据一个零部件组中全部零部件的工艺路线，制订一个能包含全部零件加工工序的工艺路线，作为该零部件组的成组工艺
设计成组设备	成组夹具	在成组加工中针对一组零部件的某道工序或生产线上的多道工序而设计的可调夹具。它的主要特征是具有适应同组零部件连续生产的柔性
	成组加工机床	零部件分成类别和组别后，成组批量比原来的批量扩大很多，因此可以经济有效地采用可调的高效设备或数控设备进行加工，以提高生产效率
组织生产线	成组单机生产	在一台机床上能完成工艺相似零部件组的全部或多道主要工序
	成组生产单元生产	在工作场地内配置可以完成工艺相似零部件组内所有零部件全部工序所需的不同类型的机床
	成组流水线生产	工作场地内的机床是按照工艺相似零部件组的复合工艺过程的顺序布置的。成组流水线具有足够的柔性，并要求工艺相似零部件组内的零件有很强的工艺相似性和较大的生产批量

3.8.5 注意事项

成组技术极为省时省力，又能创造巨大经济效益，可以被广泛应用于现代企业的管理过程中。最常使用 GT 且效果明显的，当属其在产品设计、工艺规程设计以及生产管理中的应用。

（1）成组技术在企业产品设计中的应用。在产品设计中应用成组技术，首先要对企业中已设计、制造过的零部件编码成组，建立起设计图纸和资料的检索系统。

当为新产品设计零件图纸时,设计人员可以将设计零件的构思,如零件的结构形状,尺寸大小等,转化成相应的分类代码,然后按该代码对其所属零件组的设计图纸和资料进行检索,从中选择可直接采用或者稍加修改便可采用的零件图。只有当原有的零部件图纸均不能利用时,才重新设计新的零部件图纸,可以节省很多设计时间。

(2)成组技术在企业工艺规程设计中的应用。利用成组技术的计算机辅助工艺规程设计,可以有效避免因工艺规程过于多样而影响产品质量和生产秩序的问题。采用成组工艺后,利用产品零件编码系统来识别产品的工艺特征,将特征类似的零部件进行工艺过程的统一和优化。如此一来,便可缩减生产方法准备的工作量和期限,减少工艺的种类及工艺装备,提高零件的生产率和加工质量,降低生产成本。

(3)成组技术在企业生产管理中的应用。很多企业的生产管理是按产品进行分工,按型号进行管理。每个型号都有自己的一套生产计划,生产任务紧张时,矛盾就非常突出,重复性工作量大,生产效率低。

采用成组技术后,生产过程得到优化,原来以产品封闭式的车间组织的生产方式变为以零件封闭单元组织的生产方式,如此一来,加工周期缩短,成组加工批量扩大,企业可以获得更好的经济效益。

3.9 消除 Muda

3.9.1 图例

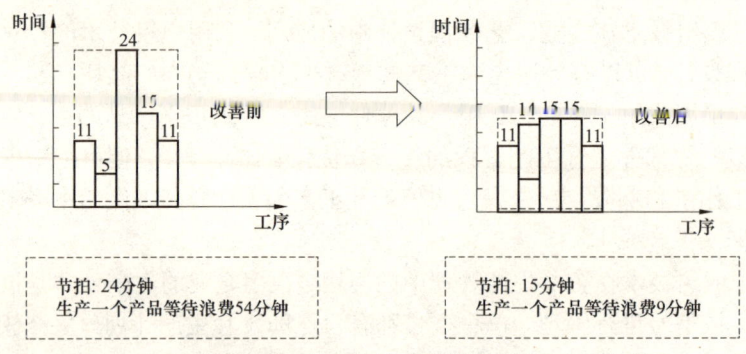

图 3-11 生产节拍对等待的改善

3.9.2 用途

日文中的 Muda（音），是浪费的意思。在从原材料开始到最终产品为止的每一个流程中的人力或机器资源，往往存在有附加成本的动作，或进行无附加价值的动作，这些都是"浪费"。

在 7S 项目推行过程中，消除 Muda 具有以下作用。

（1）消除无价值活动，极大地控制和降低生产成本。
（2）全员参与，努力维持生产现场的良好作业风气。
（3）消除各类浪费现象，实现生产作业的逐步改善。

3.9.3 适用事项

《精益 7S 现场管理自检手册》中"3.2 流程节拍管理标准""4.2 搬运作业管理标准""4.4 物料存放管理标准"。

3.9.4 使用说明

消除 Muda 需从识别 Muda 开始。大野耐一将现场所发现的 Muda 分为 7 类，具体如下。

（1）制造过多的 Muda。制造过多就是在相连两工序间生产了过多的在制品，又叫做中间在库过多。在所有的 Muda 中，制造过多是最严重的 Muda。生产过多产生浪费所产生的原因、后果及对策，如表 3-16 所示。

表 3-16　生产过多浪费产生的原因、后果及对策

原因	（1）过量采购（外协件、外加工件）。 （2）因多劳多得而促使生产者"提前和超额"。 （3）计划失误、信息传递失误而造成的浪费。 （4）生产以后需要的产品。 （5）只考虑本工序的尽其所能，而忽略了上下道工序间的平衡和配套
后果	（1）提早耗用原材料。 （2）浪费人力及设施。 （3）增加利息负担。 （4）增加额外的空间，以储存多余的存货。 （5）增加搬运和管理成本
对策	（1）考虑到下一个流程或下一条生产线的正确生产速度。 （2）不要只尽所能，在本流程生产过多的产品。 （3）不要让作业员有太大生产伸缩的空间。 （4）不要让每一流程或生产线有通过提高生产力即可获得利益的机会。 （5）不要因为有不合格品而想提高直通率。 （6）不要因为有多余的产能而容许机器生产量多于所需之量。 （7）不要因为引进了昂贵的机器设备，为减少折旧费的分摊，提高稼动率，生产过多的产品

（2）存货的 Muda。成品、半成品、零件及物料的大量存货，会占用空间、需要额外的机器及设施，这不仅无法产生任何附加价值，反而会增加企业的营运成本，如图 3-16 所示。库存浪费的原因、后果及对策，如表 3-17 所示。

表 3-17　库存浪费的原因、后果及对策

原因	（1）视库存为当然。　　　　　　　（5）提早生产。 （2）设备配置不当或设备能力差。　（6）无计划生产。 （3）大批量生产，重视稼动。　　　（7）客户需求信息未了解清楚 （4）物流混乱，呆滞物品未及时处理。

后果	（1）零部件、产品陈旧导致削价与报废损失。 （2）流动资金占用损失。 （3）人工场地损失。	（4）隐藏不良品损失。 （5）隐藏产能不平衡与过剩损失。 （6）隐藏机器故障损失。 ……
对策	（1）库存意识的改革。 （2）U型设备配置。 （3）均衡化生产。 （4）生产流程调整顺畅。	（5）看板管理的贯彻——JIT生产方式。 （6）快速换线换模。 （7）生产计划安排时考虑库存。 （8）消化已有库存

（3）不良及重修的 Muda。企业对不合格品通常会采取两种处理方式：一是直接报废，如此一来，组成此不合格品的所有零件资源、设备占用都将被浪费；二是对不良品进行修复，这时就需要投入额外的时间、人力和物力。不良的生产还可能导致出货延误、订单取消、企业信誉下降等情况。不良及重修的浪费的原因与对策，如表 3-18 所示。

表 3-18　不良及重修的浪费的原因与对策

原因	（1）标准作业欠缺。 （2）过分要求品质。 （3）人员技能欠缺。 （4）品质控制点设定错误。	（5）认为可整修导致做出不良。 （6）检查方法、基准等不完备。 （7）设备、模夹、治具造成的不良生产
对策	（1）自动化、标准作业。 （2）防误装置。 （3）"一个流"的生产方式。	（4）品保制度的确立及运行。 （5）定期的设备、模具、治具保养。 （6）持续开展"7S活动"

（4）动作的 Muda。操作者在进行工序操作的过程中，有的动作产生了价值，有的动作却没有任何价值，而客户只会为有价值的动作支付费用。因此，企业想要降低成本，就需要尽可能地减少员工的无效作业。动作浪费的种类、原因、对策，如表 3-19 所示。

表 3-19　动作浪费的种类、原因、对策

作业浪费的种类	（1）两手空闲的浪费。 （2）单手空闲的浪费。 （3）作业动作停止的浪费。 （4）作业动作太大的浪费。 （5）拿的动作交替的浪费。 （6）步行的浪费。	（7）转身角度太大的浪费。 （8）动作之间没有配合好的浪费。 （9）不了解作业技巧的浪费。 （10）伸背动作的浪费。 （11）弯腰动作的浪费。 （12）重复动作的浪费

续表

原因	(1) 作业流程配置不当。 (2) 无培训训练。 (3) 设定的作业标准不合理。
对策	(1) 编制"一个流"的生产方式。 (2) 生产线 U 型配置。 (3) 落实标准作业。 (4) 贯彻动作经济原则。 (5) 加强教育培训与动作训练。

（5）过分加工的 Muda。在加工过程中，超过产品设计要求的加工动作即是加工的浪费。这主要包含两层含义：一是多余的加工和过分精确的加工，例如超过产品本身价值的包装、超过设计要求的加工精度；二是需要多余的作业时间和辅助设备，例如用大型精密设备加工普通零件，以及经常空转的流水线等，都造成了加工的浪费。过分加工产生的浪费的原因和对策，如表 3-20 所示。

表 3-20 过分加工产生的浪费的原因和对策

原因	(1) 工程顺序检讨不足。 (2) 作业内容与工艺检讨不足。 (3) 模夹治具不良。	(4) 标准化不彻底。 (5) 材料未检讨
对策	用一般常识及低成本的技巧，可以经常消除加工的浪费。通过作业的合并，可以避免一些浪费的加工。	
	(1) 工程设计合理化。 (2) 作业内容的修正。 (3) 治具改善及自动化。	(4) 标准作业的贯彻。 (5) VA/VE 的推进。 (6) 设计 FMEA 的确实推进

（6）等待的 Muda。机器或人停止不动时，就是等待。例如，生产线的机种切换、机器设备故障、以及因缺料而使机器闲置，因上游发生延误而使下游无事可做，以及产线劳逸不均等导致员工及设备的等待。等待浪费的原因及对策，如表 3-21 所示。

表 3-21 等待浪费的原因及对策

原因	(1) 生产线布置不当，物流混乱。 (2) 设备配置、保养不当。 (3) 生产计划安排不当。 (4) 工序生产能力不平衡。	(5) 材料未及时到位。 (6) 机器在进行附加价值的加工，作业员在旁监视。 (7) 作业员在拼命工作，机器在等待

对策	(1) 采用均衡化生产，合理改善节拍。 (2) "一个流"的生产方式。 (3) 防错措施。	(4) 自动化及设备保养加强。 (5) 实施目视管理。 (6) 加强进料控制

（7）搬运的 Muda。在作业现场中，我们可看到各种不同的搬运，如卡车、堆高机及输送带。可以说，搬运活动是工厂营运管理的主要部分，但是移动材料或产品本身，并不能产生价值。因此，所有的搬运都是"浪费"。为减少这种浪费，要采用合适的运输工具，采用最短的运输距离。我们可以借助以下办法来改善搬运的浪费，如表 3-22 所示。

表 3-22 搬运改善常用办法

主要原则	目标	改善点
整体合理化	设计优化消除过程中的浪费	整体解决搬运不合理之处
有效搬运原则	使货物的搬运操作更简单容易	(1) 使货物容易移动，如电视机凹槽设计。 (2) 尽量把货物收集在一起，如鸡蛋托盘设计。 (3) 把货物放置在货架或料架料盘上。 (4) 利用液压铲车、拖车。 (5) 减少重复作业，如吊上与放下
自动化	寻求搬运的机械化、自动化，以提高效率	(1) 利用重力原理，如斜坡、下滑、索道等。 (2) 推进自动化，把人力改为机械，如索引机。 (3) 设计好中转点。 (4) 将物料堆放位置固定
消除等待和空运	减少员工及搬运设备的等待时间	(1) 事先设计好搬运路线。 (2) 用送料、取料代替领料和入库。 (3) 定时搬运，如公交车时刻
缩短移动距离	移动距离尽可能短，移动路径畅通无阻	(1) 做好整理整顿工作。 (2) 做好画线标识工作。 (3) 始终保持通道畅通。 (4) 避免逆行，只向一个方向移动。 (5) 采用换人不换车或换车不换人的方法。 (6) 尽量利用拖车
一般性原则	减少疲劳和无效动作	(1) 减轻搬运的劳动强度。 (2) 达到搬运作业的简单化。 (3) 用金额来衡量搬运效率（测定成本效率）。 (4) 有效利用空间（积木式放置）。 (5) 确保作业的安全（加盖、加罩、二次起吊）。 (6) 减轻搬运设备的皮重

3.9.5 注意事项

通过消除 Muda 法来消除班组作业中任何没有价值的作业时，还需要注意以下事项。

（1）在消除 Muda 前，需要对班组员工进行培训，界定何为"浪费"。

（2）将消除的重点应放在制造过多的 Muda 上。

（3）消除 Muda 后，应采取相应的改善措施，防止 Muda 再次出现。

3.10 80/20 法则

3.10.1 图例

表 3-23 80/20 法则应用示例表

价值 80%的工作	价值 20%的工作
事件一：审阅文件（08:20—09:00）	事件一：例会
事件二：准备工作总结（09:00—09:10）	事件二：招聘计划与奖金问题
事件三：与生产部长沟通生产计划（09:20—10:00）	事件三：会见客户并给业务经理授权
事件四：一小时临时紧急事件处理	事件四：其他事项的处理

3.10.2 用途

80/20 法则又称为二八定律，是指在通常情况下，能够创造 80%价值的工作只占全部工作的一小部分，约 20%，其余 80%的工作只能创造 20%的工作价值。

在 7S 项目推行过程中，也存在这样的现象。运用"二八法则"，可发挥以下作用。

（1）便于我们在 7S 项目推行过程中有重点地开展工作，不要将太多时间浪费在创造很小价值的工作上。

（2）便于更好地进行工作排序。

3.10.3 适用事项

《精益 7S 现场管理自检手册》中"4.4　物料存放管理标准"。

3.10.4 使用说明

80/20 法则在推行过程中，可以遵循以下步骤进行。

（1）确定 20%的工作。我们应该学会分辨何为重要的工作，这样才能保证所做的工作是正确的。通常情况下，最重要的工作是指那些能够带来较高价值的工作。分辨 20%工作的依据和说明见表 3-24 所示。

表 3-24　分辨 20%工作的依据和说明

依据	说明	判断标准
预期的成果	完成一项工作将会为企业创造的收益，包括销售额以及生产数量等	预期的成果数量越多，相比而言，工作越重要
个人成就感	个人成就感往往通过完成超过规定的数量或者难度较大的任务来实现。完成的难度越大，数量越多，一个人越有成就感，可以从以下两个角度来分析。 （1）纵向对比。与自己以往进行的工作难度相比，工作难度增大，则成就感变大，难度减弱则成就感变小。 （2）横向对比。与同事相比，自己承担的工作若难度大、负担重，则成就感变大，反之，则变小	个人成就感越高，相比而言，工作越重要
可达成目标的影响	包括地位的提高、社会影响力的增长等。包括以下两类。 （1）对企业而言，如果某项任务的完成可能带来巨大的社会影响力，并提高社会知名度，那么，这类工作任务就属于可达成目标影响较高的任务。 （2）对于员工而言，如果某项任务完成可以使自己获得来自企业或业内的荣誉，那么，这类任务也可视为可达成目标影响较高的任务	可达成目标影响越高，相比而言，工作越重要

（2）给 20%工作分配足够的时间。无论如何，对于能够创造出 80%价值的 20%工作，我们都应该首先完成，其次再利用可用的时间完成剩下的只能创造 20%价值的 80%工作。对此，我们可以通过罗列表格的方式制作出一张富有侧重点的工作清单，这份工作清单与以往罗列的清单有些不同，因为 20%工作都被重点对待，分配充足的时间，如表 3-25 所示。

表 3-25　一般的工作排序表格式

工作价值排序（降序）	具体任务内容	时间安排
1		2 小时
2		1 小时
3		50 分钟
…		…

（3）用高效时间处理 20%工作。对工作任务进行排序只是一个对任务分配时间长短的过程，在这之后，我们还应该把具体工作分配在具体的时间上，以保证所有工作能够按部就班地完成。工作时间越长，注意力越容易下降，身体疲劳，还易出现厌烦、紧张的情况，使失误的频率增加。为此，在处理这 20%的工作时，可采用劳逸结合的方式。

> 在两段工作的间隙去室外活动一下，如果条件不允许，去公司的休息室也可以。
> 在繁重的工作之间安排简单的工作，做简单的工作中往往可以缓解身心的疲劳。

（4）诊断和修改。追求高效率、高执行力是一个精益求精的过程。因此，我们应该对时间分配方案进行不断的诊断和修改，使其变得更加完善。

这就要求每个人在工作结束前，要对当天的时间使用情况进行诊断。寻找自己是否还有浪费的时间，是否出现了时间浪费过度的现象，以便在下一个工作中进行修改和完善。

具体的实施可以通过工作-时间跟踪表来实现，如表 3-26 所示。

表 3-26　工作-时间跟踪表

序号	任务及标准要求	难度系数	工作量	计划使用时间	实际使用时间
1					
2					
3					
...					

根据表格记录的内容，与我们的时间计划进行对比，找到它们之间的时间差。时间差最大的工作即为过度浪费时间的工作，我们必须对此作出调整。为此，我们首先需要找到造成浪费的原因，如表 3-27 所示。

表 3-27　造成损耗的原因分类及说明

分类	说明
内部因素	包括计划考虑欠佳、贪求过多、欠缺自律、事必躬亲、无力拒绝、条理不清以及做事拖延等
外部因素	包括电话干扰、资料不全、不速之客、会议耽搁、用人不当、权责混淆、进度失控、沟通不良、社交闲谈、文件复杂以及工作搁置等

3.10.5　注意事项

运用 80/20 法则进行工作时间分配时，还需要注意以下事项。

（1）在开始工作前，必须先将 20%的工作辨别出来。

（2）必须高效地完成 20%的工作。

（3）不断对时间分配方案进行诊断和完善，使其变得更加合理。

3.11 先进先出法

3.11.1 图例

表 3-28 某车间的生产材料进出明细表(部分)

业务	入库 数量(个)	入库 单价(元)	发出数量(箱)	结存数量(箱)
3月15日存货	—	150	—	230
3月16日存货	—	—	160	70
3月17日存货	50	167	—	120
3月18日存货	—	—	80	40

3.11.2 用途

先进先出(Fist In First Out,FIFO)法,是根据物料"先入库,先发出"的原则,即采用先收到的产品先售出,或先收到的原材料先耗用。并根据这种存货流转次序对发出存货和期末存货进行计价的一种方法。

这种方法符合 7S 精神的需求,在 7S 项目推行过程中可以发挥以下作用。
(1)控制物料保质期限,确保物料的质量水平。
(2)便于对物料信息进行真实记录和有效管理。
(3)有效降低流程物料的管理成本。
(4)抵御物价下降的影响,减少企业经营的风险。
(5)消除潜在亏损隐患,避免因存货资金不实而导致的账面资产虚增。

3.11.3 适用事项

《精益 7S 现场管理自检手册》中"4.4 物料存放管理标准"。

3.11.4 使用说明

先进先出法对发出的物料以先入库物料的单价计算物料发出的成本。如选择这种方法，可以采用以下具体操作步骤。

（1）先按库存物料的期初余额的单价计算物料的发出成本。

（2）物料领发完毕后，再按第一批入库的物料的单价计算。

（3）依此从前向后类推，计算物料发出的成本。

（4）物料进入时，仔细登记每批库存物料的数量、单价和金额等信息；物料发出时，则按原则计价，并记录物料的发出数量和结算金额。如发出存货属两批或多批购进的，每批的单价又不同，则应该用对应的每批单价分别计价，然后再进行求和。

（5）对物料进入和发出成本进行计价后，即可对物料进入和发出的时间、数量等，统一进行安排。

为了确保物料符合公司质量规格要求，管理者有必要采取"先进先出"的方法，对物料的进出过程实施有效管理。

制作物料的存放颜色标识，用不同的颜色代表物料存放的时间，以便于先进先出管理的识别，保证先存放的物料先被取用。对每种物料的颜色标识可根据月份的不同而加以区分。

物料的出库和摆放等管控，要严格按照颜色标识的意义，进行先进先出管理。使用颜色标识时，应注意以下事项。

（1）在物品入库时将颜色标识粘贴于货品包装或者货架上。

（2）如果颜色标识有丢失或者失真时，检验员要及时做好补贴工作。

（3）对物料进行摆放时，要注意颜色标识的可见性，不能被遮掩，应朝向通道或搬运人员方向。

3.11.5 注意事项

为了保证先进先出法能够在次序上降低物料的成本，还需要注意以下事项。

（1）先进先出法应与定制管理结合使用才能发挥更好的功效。

（2）为了保证先进先出法能够顺利实施，必须制订严格的物料进出明细单。

（3）为了便于物料的出入库以及摆放管控，要严格按照颜色标识。

3.12 库存管理模型

3.12.1 图例

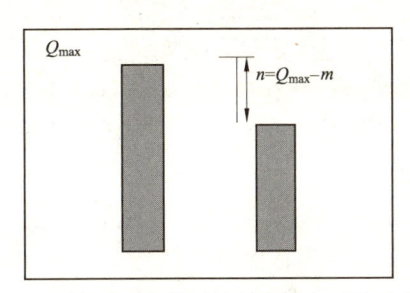

图 3-12　定期订货模型的任意补充系统示意图

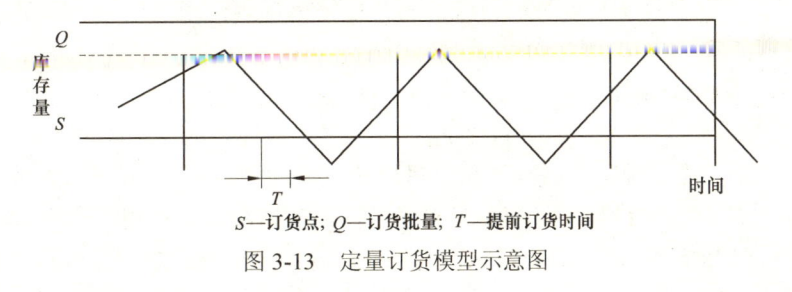

S—订货点；Q—订货批量；T—提前订货时间

图 3-13　定量订货模型示意图

3.12.2 用途

库存管理是按一定的数量和质量要求，对流程中的物料进行恰当的管理。库存管理应以"零库存"为目标，充分发挥库存的储存、价格调整、整合、配送等功能。

在 7S 项目推行过程中，库存模型的应用可以发挥以下作用。

（1）避免物料积压，确保流程顺畅运作。

（2）从规划角度防止物料断流，保证物料的数量充足。

（3）减少了不必要的库存浪费，有效管控物料管理成本。

3.12.3 适用事项

《精益 7S 现场管理自检手册》中"3.3　线上线下物料管理标准""4.3　盘点作业管理标准"。

3.12.4 使用说明

在库存管理中有一些常用的概念和技术用语，如订货点、订货批量等。下面介绍一些常用术语及其含义。

（1）订货点（S）。订货点又称警报点。当库存量下降到订货点的库存量时，必须立即订货。当所订货物还未到达和入库之前，仓库的储存量仍能按原定服务水平满足需要。该订货点的储存量和提前订货时间（T）是相对应的。

（2）订货批量（Q）。根据库存的需要，为补充某种物料的存储量，而向供货商进行一次订货的数量。

（3）订货提前期（T）。从订购到收货的时间。

（4）平均库存量（Q_V）。库存保持的平均量，平均库存量（Q_V）=Q_S/2。

（5）最高库存量。在订货提前期（T）可以忽略不计时，到货后所达到的库存量。当存在订货提前期时，最高库存量是指订货请求发出后，库存方面应达到的数量。

（6）安全库存量 Q_S。由于需求量（D）和订货提前期（T）都可能是随机变量，当需求量 D 增多、订货时间 T 延长时，对库存的需求幅度可能大大超过其平均值。为了预防和减少这种随机性造成的缺货，必须储备一部分库存量，称为安全库存量。这部分库存量只有当出现缺货情况时才动用。

（7）订货成本（E）。订货费是指为补充库存办理一次订货发生的成本费用，包括订货过程中发生的订货手续费、货品检验费等。

（8）采购成本费。采购成本费指所有采购物料的价格，其总额为被采购物料的需求量与单位物料的单价的乘积。

（9）保管费。保管费也就是存储费，存储物料在一个单位时间内所需花费的费用。它包括存储物料所占用资金的利息、保险费、存储物料的保养费、搬运费等。从存储费的开支交付可见，一次订货量越大，那么其平均库存量越大，存储费用就越高。

图 3-12 为定期订货模型的任意补充系统示意图，这种系统是在某一固定周期（如每周一次或者每月一次）内对库存进行盘点，首先根据需求情况、订购成本和短缺造成的损失，计算出最高库存水平 Q_{max}，再根据一个订单花费的资金和时间，确定出最小订货批量 n。如果盘点后的现有库存量为 m，则 $Q_{max}-m=n$。

图 3-12 为定量订货模型示意图，对于定量订货模型，设订货点为 S，订货批量为 Q。假设在整个时间段内，该物料需求量固定不变，提前订货期 T 不变，订货成本不变，存储费用以平均库存为计算依据，则可得到一个定量订货模型。

由图 3-12 可以看出，库存量总是随时间而发生变化，并以直角三角形为一个周期，呈现出连续的、锯齿形的变化形态。

要实现定量订货，建立其数学模型，首先要确定费用公式。公式如下。

年总费用=年采购费用+年订货费用+年存储费用

$$ZC = DC + \frac{D}{Q} \times E + \frac{Q}{2} \times H$$

式中：Z——物料总量（年）；

C——单位物料价格；

D——年需求量；

Q——订货批量；

E——订货费或者生产准备成本；

H——单位物料的年平均库存费用。

其次，确定经济订货批量 Q_{EOQ}。对此可使用威尔逊公式来计算。公式如下。

$$Q_{EOQ} = \sqrt{\frac{2DE}{H}}$$

最后，确定订货点 S（报警点）。在假设前提下，订货点 S 的计算公式如下。

$$S = \bar{d} \times T$$

式中：S——订货点（库存数）；

$\bar{d}$——日平均需求量（常数）；

T——订货提前期（以天数表示）。

以某超市供货为例，已知其某种货物的年需求量 D=1400 件，订货费 E=4.6 元/次，单位（件）货物的库存平均费用 H=1.9 元/（单位·年），提前期 T 为 5 天，单位货物价格 C 为 20.4 元。通过计算，确定其经济订货批量、订货点。

经济批量：

$$Q_{EOQ} = \sqrt{\frac{2DE}{H}} = \sqrt{\frac{2 \times 1400 \times 4.6}{1.9}} = \sqrt{6778.95} = 82.33 \approx 82 \text{（件）}$$

订货点　　$S = \bar{d} \times T = \dfrac{1400 \times 5}{365} = 19.18 \approx 19$（件）

通过库存管理，可以掌握库存量动态，使库存量保持在合理的水平上，避免了过量储存或缺货；既减少了库存空间占用，又降低了库存总费用。

3.12.5　注意事项

各种库存订货模型都是被验证了的可用的库存订货模型，但每种模型也都有其特定的使用范围。我们必须多加注意，才能使各种订货模型得以有效使用，使企业的库存水平得到有效控制。

（1）定期库存订货模型的适用范围。

➢ 价值高、需要进行严格的重要物料，如前面提到的 A 类物料。

➢ 需要根据市场状况经常调整采购数量的物料。

➢ 受交易习惯的影响、需要采用定期订购的物料。

➢ 产品定期生产所需、消耗量比较稳定的物料。

不过，其适用面窄，订货时间间隔固定，不能及时应对生产的变化，不利于生产的灵活转变。

（2）定量库存订货模型的适用范围。

➢ 物料单价低，不便于少量订货的物料，例如螺丝钉。

➢ 需求预测比较困难的物料。

➢ 种类多、仓库管理实物量大的物料。

美中不足的是，这一模型应用在实际工作中时，工作量较大。

3.13 价值链梳理

3.13.1 图例

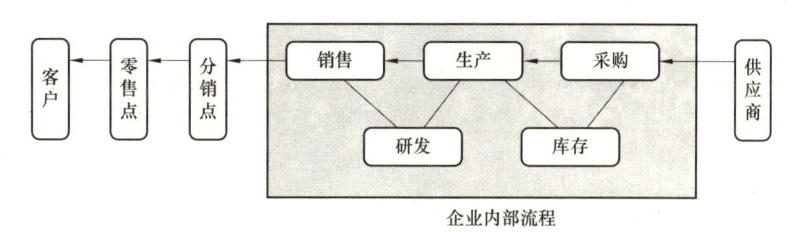

图 3-14 某豆类食品加工公司整体价值链

3.13.2 用途

企业通过一系列生产经营活动来创造价值，这些活动可以分为基本活动（包括生产作业、市场和销售、后勤服务等）和辅助活动（包括物料采购、技术开发、人力资源管理和企业基础设施管理等）两类。这两类内容不同但相互关联的活动，构成了一个创造价值的动态过程，即价值链。

在 7S 项目推行过程中，价值链的梳理具有以下作用。

（1）帮助企业在 7S 项目推行的战略层次上对各项业务活动进行全局范围内的考察。

（2）使企业明确 7S 项目推行所要达到的目的。

（3）以价值导向为基础来设计流程的期望结果。

3.13.3 适用事项

《精益 7S 现场管理自检手册》中"3.2 流程节拍管理标准"。

3.13.4 使用说明

在进行价值链的梳理时，首先，需要仔细梳理公司流程中存在的问题。通常情况下会遇到以下几类问题。

（1）市场的规模。根据产品的特性和生命周期，对产品未来的总体市场规模进行预测。

(2) 原材料市场的供应量。
(3) 产品的消费群体。
(4) 产品到达客户的方式。
(5) 产品生产的实现。

其次,再将这些信息加以梳理,形成有次序、逻辑密切的价值链。价值链的梳理步骤,如表3-29所示。

表3-29 价值链的梳理步骤

序号	步骤	说明
1	搜集目标信息	从多个方面进行信息搜集,如供应商、客户以及企业自身等
		突出以客户需求为重点
2	以客户为导向的流程分析	组织镜像法,通过调查客户对公司的意见然后推测客户的真正需求
		客户的声音,客户在享有公司的产品时,对其操作、功能、性能等方面的需求
		需求和准备程度分析,如表3-30所示
3	成果导向下的流程期望	价值链的梳理,需要仔细梳理公司流程中存在的问题
		流程期望,明确企业流程管理的基本运行架构,确定大致的流程期望

表3-30 需求和准备程度分析表

需求扩张项目	目前能力准备度	专家意见	公司投入决断
新型产品研发	产品研发成功,后备资源充足	发展可行度很高	投产纳入流程管理
送货到门	局部能够达成	达成利润最大	建立物流运输中心仓库,保障服务顺畅
客户服务响应	信息技术足够,但缺乏专业维护人才	必须保障服务热情	全方位设置客户服务部门

3.13.5 注意事项

（1）在制订企业 7S 项目推行目标之前，需要对供应商、企业自身、市场需求、未来趋势等进行全面的调查研究。

（2）最后形成的流程目标应该内容清晰、没有歧义。

（3）在目标较多的情况下，分清目标间的主次，保证目标的协调统一。

3.14 业务流程图

3.14.1 图例

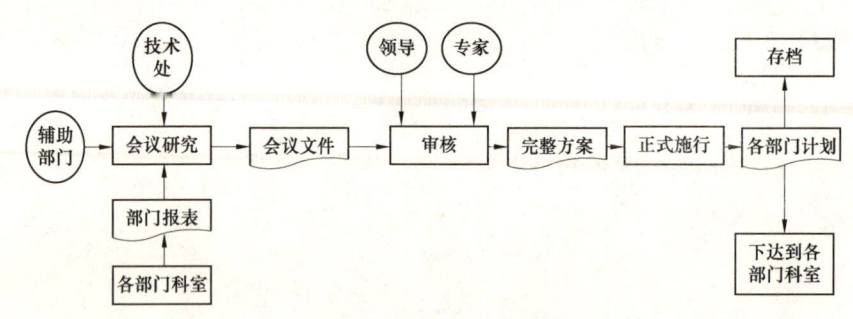

图 3-15 产品开发计划业务流程图

3.14.2 用途

业务流程图是指用一些规定的符号及连线来表示某个具体业务处理的过程。业务流程图以图形的方式,反映了实际业务处过程的次序和记录。绘制业务流程图,对于梳理和优化业务过程是十分必要的。

7S 项目推行过程中,业务流程图的设计具有以下作用。
(1) 掌握业务处理的基本过程,以全程控制业务的实现。
(2) 规范流程人员业务处理的行为。
(3) 有助于对业务处理流程的梳理,继而更快地发现业务流程处理障碍。

3.14.3 适用事项

《精益 7S 现场管理自检手册》中"3.2 流程节拍管理标准""4.2 搬运作业管理标准"。

3.14.4 使用说明

业务流程图的基本图形符号有 6 个,所代表的内容与信息系统最基本的处理功能一一对应。基本符号说明如表 3-31 所示。

表 3-31 业务流程图的基本符号

符号	名称与含义	符号	名称与含义
○	圆圈；表示业务处理单位	▭	方框；表示业务处理内容
▭	报表符号；表示输出信息（报表、报图形等）	▭	不封口的方框；表示存储文件
▱	卡片符号；表示收集资料	→	矢量连线；表示业务过程联系

业务流程图的绘制一般要有以下特性。
（1）依据业务部门划分为横式图的形式。
（2）主要描述方案、账单等信息的处理业务。
（3）信息的流动路线与实际业务处理过程必须相对应。
（4）信息是有时限性的，一次信息处理业务流程是一次性的。

3.14.5 注意事项

为了保证绘制的业务流程图，能够规范化地表达具体业务的处理过程，还需要注意以下事项。
（1）企业绘制的业务流程图，必须在企业内部统一规定和推广，并达成共识。
（2）业务流程图绘制好后还需要定期的检查与更新，确保其能够一直发挥作用。

3.15 专人责任制

3.15.1 图例

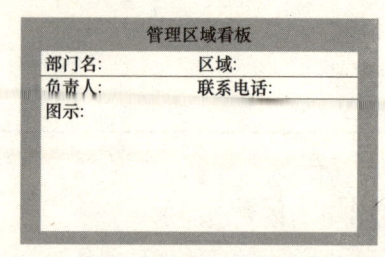

```
管理区域看板
部门名：      区域：
负责人：      联系电话：
图示：
```

图 3-16 区域专人责任制看板示例图

3.15.2 用途

专人责任制是指在 7S 项目推行中，实行各区域、机器设备等由专门人员负责，界定其相应职责的制度。

区域专人负责制是指将生产现场划分为多个区域，每个区域指定一名负责人，由负责人负责该区域内的 7S 项目推行工作，保持区域场所的干净整洁，做好区域内的监督、检查工作，督促 7S 工作切实开展。

专人责任制对 7S 项目的推行具有以下作用。

（1）明确员工的职责，将责任划分到个人。

（2）防止员工在 7S 项目推行过程中，因不明确职责而发生作业失误。

3.15.3 适用事项

《精益 7S 现场管理自检手册》中 "8.1 设备静态标识管理标准"。

3.15.4 使用说明

区域专人责任制在实施过程中，主要依靠以下步骤进行。

（1）依据生产现场平面图，划分责任区域。

（2）确定责任人，明确责任人的相应职责。责任人的相应职责应当包括：监督与指导 7S 工作的开展，定期检查，督促问题点进行整改等。

（3）将区域划分和责任人上报 7S 推行委员会。区域划分和责任人应当上报 7S 推行委员会审核，审核通过后方可实施，若有不妥应及时调整。

（4）制作看板，对责任人及负责区域进行展示，方便区域责任制的实行和责任人的工作开展。

3.15.5　注意事项

采用专人责任制明确员工职责，界定班组成员责任时，应注意以下事项。

（1）责任区域的划分和责任人的选定，责任区域的划分可以以班组为单位，对生产现场进行区域划分，班组长为所在区域的负责人。注意在划分区域时，区域形状最好为长方形或正方形，才不会遗留下无人负责的空白区域。

（2）区域专人负责制需要看板制作的配合才能实现。

4

检查与规范技术

4.1　3U-MEMO 法

4.1.1　图例

表 4-1　某制鞋厂截断机物料架改善 3U-MEMO 检查表

编号			时间		地点	
部门	皮料切割组			姓名	王××	
作业内容	QCOT					
要点	物料架结构、位置改变			工序名称	截断机物料架改善	
建议类别	□不合理　　□不均匀　　■不经济（浪费、无效）					
问题发生原因（图示）				问题描述		
（图片）				（1）物料架占地面积大，空间利用率低； （2）员工需将物料拿下置于截断机伸缩台面上进行裁剪，然后放回物料架，出现不必要的移动和空闲时间		
改善后效果图/想象图				问题解决时间： 2014.6.1—2014.6.5 解决方案描述： （1）改变物料架结构，使物料保持在上方； （2）物料架底部支脚改为可活动的滑轮，方便移动； （3）物料架定位于截断机后部，物料直接从设备后部供料，更便于作业		
改善要点	动作经济，消除拿取、走动浪费	成果	改善前：取、放物料 1 分钟 改善后：零时间 金额　××　元		提案单： 编号：×××× 评估：_2_级 说明：	

153

4.1.2 用途

3U-MEMO 法是指存在于现场的 3U 因素,即不合理(Unreasonableness)、不均匀(Unevenness)、不经济(Uselessness),使 3U 因素显现出来改善就是"3U-MEMO"。

3U-MEMO 的具体内容有以下三点。

(1)不合理的现象(Unreasonableness)。如一些需要密封保存的产品在包装之后送到仓库,而仓库管理者为了检查成品的类别和数量又将包装打开,检查之后再次包装,这无疑造成了工时、包装原料的浪费。

(2)不均匀的地方(Unevenness)。如在整个生产线上,某个环节的员工很忙碌,而有的人员却很清闲;有些设备的使用很频繁,有些却长期处于闲置状态,造成了生产能力的浪费。

(3)不经济的环节(Uselessness)。以车床车轴的工序为例,为车一根细轴提供的原材料是一根很粗的坯料,这就造成了坯料的浪费和工时的增加。

4.1.3 适用事项

《精益 7S 现场管理自检手册》中"9.1　7S 活动绩效考评管理标准"。

4.1.4 使用说明

3U-MEMO 表格中各部分的填写内容说明如下。

(1)编号:按照管理者的个人习惯和企业的生产习惯编订文件的号码。
(2)部门:发生问题点的单位名称。
(3)工序:出现问题的环节或工序。
(4)发现问题日期:发现问题的日期,最好标注具体的时间。
(5)发现问题地点:发现问题的具体位置,如车间,某机器设备旁等。
(6)发现问题人员姓名:问题点发现人及所属部门。
(7)问题点描述:详细描述问题点。
(8)现场图:可以给出现场实际照片,也可以手绘简图。
(9)改善思路:及时记录自己当时考虑到的改善要点。

4.1.5 注意事项

在使用 3U-MEMO 一段时间后，人们很容易陷入心理疲惫期，备忘录被束之高阁，或者仅是勉强记录而疏于改善。因此，3U-MEMO 的使用人员应谨记以下几点。

（1）持之以恒。如果人们每天都去现场，每天都有新的发现，每天做好 3U-MEMO，长期坚持下来后，人们最终将观察到很多改善点。

（2）3U-MEMO 只是记录短时发现。虽然备忘录上记录了问题点、人们对问题根源的分析和改善策略，但它仅仅是一种观察和短暂思考，不能确认它是否可行，更不会因它而带来明显改善。

（3）记录之后更重要的是验证思路的可行性，去协调资源进行有效的改善。

4.2 定点取像

4.2.1 图例

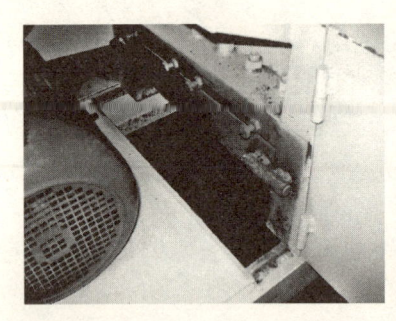

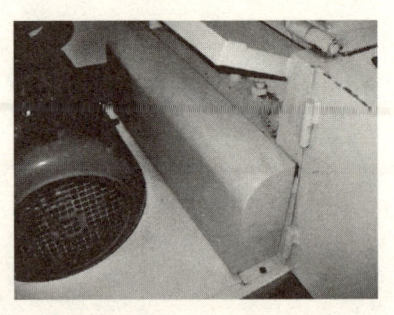

改善前拍照（2014年3月4日）　　改善后拍照（2014年3月5日）

图 4-1　某现场改善定点摄影前后

4.2.2 用途

定点取像是一种深化 7S 效果的方法。它是指在发现问题点后，选择某个地点对问题点进行拍照，然后敦促人员对问题点进行整改；改善后再从同一地点进行拍照，通过两次取像的对比来促进问题点的改善。

定点取像在 7S 项目推行过程中，具有以下作用。

（1）在开展 7S 项目前，作为 7S 项目的工具。定点取像通过两次在同一位置对同一景别进行拍照，用照片的形式展示改善效果。这样既简单直观，又效果明显，说服力强，便于员工直观地看出 7S 推行的效果。

（2）对取像结果进行公布，有利于问题点的及时改善，整理各部门的整顿活动成果。

（3）使用定点取像可以增强参与改善的员工的成就感与满足感，使 7S 推行的效率大大提高。

4.2.3 适用事项

《精益 7S 现场管理自检手册》中"9.1　7S 活动绩效考评管理标准"。

4.2.4 使用说明

定点取像一般分为四个阶段，具体内容如下。

（1）选取合适角度对问题点进行拍照，并详细记录拍照的位置和时间，所拍照片定义为"照片组 1"。拍照时应注意下列问题。

> ➢ 改善前后两次拍照要站在同一位置。
> ➢ 拍摄时的方向、角度要一致。
> ➢ 拍摄时焦距要相同。
> ➢ 照片尽量用彩色照片，以更加清楚、真实。
> ➢ 照片上要标注日期。

（2）将"照片组 1"在公布栏公布出来，同时标明问题点的所在部门、负责人姓名、违反的规定和拍照时间，并敦促问题点的责任部门和责任人进行整改。

（3）在问题点得到改善后，根据记录的取像位置，在同一位置进行二次取像，同时详细记录二次取像的位置和时间，二次取像的照片定义为"照片组 2"。

（4）"照片组 1"和"照片组 2"的照片一一对应在公布栏进行对比展示，同时表彰问题点改善得力的班组和个人。

4.2.5 注意事项

使用定点取像改善现状时，还需要注意以下事项。

（1）定点取像应在 7S 项目初期就进行，以更加直观的方式督促员工不断进行改善。

（2）定点取像应伴随整个 7S 项目推进过程。凡涉及效果对比、成果展示的都离不开定点取像。

（3）定点取像应由固定而专一的人员执行，大约 2～3 名，以保证取像的专业性和唯一性。

4.3 红牌作战

4.3.1 图例

表 4-2 红　　牌

区分	□机器设备　□物料　□成品　□半成品　□工具　□墙面 □地面　□门窗　□办公桌　□文件柜　□公共区域的物品				
品名		编号		数量	
原由	□不需要 □暂时不需要 □废弃 □品质不合格 □无法判断 □其他				
处理	□扔掉（考虑环境）　□回收利用　□转移至合理位置　□他处保管　□进行修复				
处理部门		部	科	班组	
时间	记录时间	年　月　日	处理时限		年　月　日

4.3.2 用途

"红牌作战"是 7S 项目中整理、整顿环节的又一重要手法，并且贯穿整个现场管理过程。所谓红牌作战，指的是在生产现场找到存在的问题之后悬挂红色标识牌，让员工一目了然，以起到警示的作用。红牌作战能督促员工积极改善，以达到整理、整顿的目的。在进行红牌作战时，通过增加或减少红牌，有助于督促人们发现问题并快速解决问题。

红牌作战对现场管理的改善可以起到很大的推动作用，主要体现在以下几点。

（1）在日常事务中，红牌的放置，使得现场的必需品和非必需品区分明确、一目了然，对现场员工发现问题、解决问题具有指导作用。

（2）红牌上一般标注有规定的改善期限，不仅便于员工查看，而且对进行整理或维持整顿也将起到一定的督促作用。

（3）红牌通常悬挂于比较显眼的位置，能够引起全体员工的注意，这就使得相关责任部门主动积极地去清除非必需品以解决问题，自觉参与到 7S 活动中来。

4.3.3 适用事项

《精益 7S 现场管理自检手册》中"9.1 7S 活动绩效考评管理标准"。

4.3.4 使用说明

实施红牌作战需要事先制订活动计划和实施步骤，明确活动的内容、持续时间等要点，按照程序有序推行。实施红牌作战应遵循以下步骤，如表 4-3 所示。

表 4-3 红牌作战步骤

步骤	详细	责任人	要点说明
1	红牌战开始	7S 推行委员会	（1）成员：生产部、仓储部、财务部等负责人。 （2）周期：1~2 个月
2	确定红牌作战对象	7S 推行委员会	（1）办公：文件、资料。 （2）设备：机器、工装夹具、模具、办公设备。 （3）空间：地板、墙、天花板。 （4）库存：原材料、半成品、零件、成品
3	确定红牌作战标准	7S 推行委员会	制订要与不要物的标准。例如一月内能使用完的物品不贴红牌
4	制作红牌	7S 推行委员会	（1）以 A4 纸为基准，可以折叠裁剪。 （2）纸张为红色。 （3）所填写项目要全面（见表 4-2）
5	粘贴红牌	7S 推行小组	（1）由他人贴红牌，不能由本人贴。 （2）严格按要求贴红牌
6	红牌战评估	7S 推行小组	（1）当事人严格按红牌执行。 （2）对问题点进行追踪（见表 4-4），以督促问题点的改善。 （3）确认改善效果，摘除红牌

表 4-4 红牌记录追踪表

区域：　　　　责任人：　　　　检验人：　　　　时间：

编号	问题描述	处理方案	红牌时限	实际完成时限	备注

4.3.5　注意事项

要想通过红牌作战达到消除企业各个部门、场所的不要物的目的，还应注意以下几个要点。

（1）尽可能快地贴红牌。红牌作战计划开始后，应在2天内贴完所有红牌。贴红牌之前，最好做好准备，备齐红牌、明确贴红牌对象。

（2）下定决心贴红牌。贴红牌一定要下定决心，不要有丝毫犹豫。一旦犹豫，红牌的效果就会大打折扣。在贴红牌时，对某个物品产生"到底有没有用的想法"时，立即贴上。只有这样的决心，红牌作战才能成功。

（3）参与贴红牌的人，每个人至少四张红牌。红牌数量要按人均来算，而非部门。一个人至少四张，甚至更多，那么一个10个人的班组就会有40张，为彻底寻找和清除不要物提供了可能。

（4）一个品类一张红牌。一个品类只能贴一张红牌，不能将所有的物品只贴一张红牌，否则起不到任何效果。

（5）红牌不能往人的身上贴。红牌绝对不能往人的身上贴，不管出于怎样的原因。给某个人贴上红牌会给其心理带来很大的创伤，容易引起强烈的抵触心理，从而排斥整理活动。

（6）红牌应不断地去贴，不要有所顾虑。不过一旦贴了之后，就要立即行动。

4.4 检查表法

4.4.1 图例

表4-5 某油漆工程作业检查表

检查时间： 年 月 日			
检查项目	结果		不合格改善措施
	合格	不合格	
1	人员进入工地是否戴安全帽		
2	每天施工后场地是否清洁		
3	接电是否经漏电断电器并接地		
4	电线是否高挂，有否浸水		
5	移动式施工架上的人员是否都佩戴安全帽		
6	移动施工架时，是否禁止员工站于架上		
7	作业区域照明是否充足		
8	是否两人以上共同作业使用防护具		
9	防护以及急救器材是否准备充足		
...			
说明： 1、每日油漆作业都必须检查； 2、通过检查，无论结果是合格还是不合格，都需要在相应的空白处打√，对于不合格的选项需要在不合格改善措施中添加改善措施； 3、本检查表经工地主任批准后，须由安全人员制档存查			

4.4.2 用途

检查表主要是通过简单的数据，用容易理解的方式，制作成表格或者图形。在使用时，检查人员可记上检查记号，然后进行统计，进而确认工作过程中的重要作业环节或工作中存在的问题。

在7S项目推行过程中，通过检查表记录重要的工作环节，具有以下作用。

（1）防止在工作过程中因疏忽而出现遗忘。
（2）将重要的工作环节记下，以便及时进行检查和纠正。
（3）记录重要的工作环节，避免在此犯相同的错误。

4.4.3 适用事项

《精益 7S 现场管理自检手册》中"9.1　7S 活动绩效考评管理标准"。

4.4.4 使用说明

检查表应依据具体现场，考虑制作的步骤，以保证检查表的全面性和可执行性。检查表制作步骤如表 4-6 所示。

表 4-6　检查表制作步骤

步骤	详细	责任人	内容说明
1	列出所需检查项目	7S 巡查小组、7S 推行小组	7S 推行小组结合 7S 巡查小组的相关巡查数据，确定检查项目。这些项目需要逐项确定
2	整理各现场检查项目	7S 推行小组	（1）将确定的项目分门别类。 （2）针对不充分的项目进行修正和补充。 （3）重新分类整理检查项目
3	确定检查项目	7S 推行小组	（1）确认检查项目及描述是否符合现场实际情况。 （2）对检查项目进行最终确认，大约 15～20 项
4	赋予检查项目分值	7S 推行小组	（1）给出每个检查项目的评分分值。 （2）讨论分值的合理性，并确认各个分数的水平整理评分标准，将分值赋予各个检查项目
5	针对检查表进行培训	7S 推行小组、部门负责人及 7S 骨干	（1）制作检查表，并向各部门下发。 （2）就检查表项目、评分标准以及检查方法进行说明

4.4.5 注意事项

运用检查表记录重要的工作环节时，还需要注意以下事项。

（1）保持简单性。制作检查表时要保证内容简单、直观，不要复杂化。如果涉及复杂的工作程序或内容，可以使用一些其他工具去完成。

（2）条目不宜太多。检查表的使用是一个频繁而细致的工作。如果条目过多，完全检查一遍要花费很多时间，这样就会减少检查表被使用的次数，从而达不到预期的工作效果。

4.5 BS 诊断法

4.5.1 图例

表 4-7 BS 诊 断 测 试 表

测试类型	测试题目	评分			
		是	大部分是	有点不是	不是
		4	3	2	1
项目一	1. 工作上很少遗漏应该做的事				
	2. 工作上很少出现判断失误、马虎等现象				
	3. 有效地开展工作,从不浪费时间				
	4. 能严格遵守客户的约定				
	5. 能遵守约定的时间并执行				
项目二	6. 在没有被催促前将工作结果向上级汇报				
	7. 工作中出现错误之处,能够立即报告				
	8. 工作中获得的信息,能立即通知相关人员				
	9. 凡事及早联络,没有"为何不早点说"此类不满声音				
	10. 对被委托的工作,能迅速反应				
项目三	11. 同事和下属在工作上遇到困难,主动协助				
	12. 积极听取上司和同事的意见和建议,并运用到工作中				
	13. 在团队中分担任务并进行协调				
	14. 无论和谁都能够自然、坦诚地交流				
	15. 留意工作现场和周围的状况,立即判断自己应该做的事				
项目四	16. 对于被委任的工作,一定要确认其内容和约定				
	17. 在工作计划上,能够预测未来情况再制订方案				
	18. 在工作能够有效进展的交流上下工夫、想办法				
	19. 工作上能够严格区分"重要和不重要的事情"				
	20. 重新认识自己的做事风格,积极地学习新的事物				

续表

测试类型	测试题目	评分			
		是	大部分是	有点不是	不是
		4	3	2	1
项目五	21．工作上，在上司提问"怎么办"前阐述自己的想法				
	22．即使面对很难的工作，也有不放弃的态度				
	23．面对工作上的难题时，会毫不犹豫地付诸行动				
	24．自己尽量想办法把工作干得有声有色				
	25．虚心听取他人意见，正确看待自己				
项目六	26．能认真倾听				
	27．能够很快并无遗漏地阅读工作文件				
	28．稍思考虑，就能够果断作出判断				
	29．报告、联络简明扼要				
	30．有简洁、通俗的文字表达能力				
项目七	31．对自己本身的专业领域有深入研究的意识				
	32．有掌握公司外部知识和技术的欲望				
	33．了解自己擅长的领域				
	34．有积极地向公司外部专家、学者学习的欲望				
	35．有对任何事的做法和形式开发的欲望				
项目八	36．有主动设定目标并予以行动的习惯				
	37．有达成自己目标的态度和行为				
	38．把目标落实到行动上，脚踏实地地完成目标				
	39．善于与周围的人协作来完成目标				
	40．有用客户的眼光来审视自己业务的意识				
项目九	41．对社会动向和信息很敏感，并且熟悉发展趋势				
	42．能够积极地尝试新事物、新方法				
	43．不满足于现状，有改革的意识				
	44．有重新认识事物的姿态				
	45．有预测将来，防患于未然的意识				

续表

测试类型	测试题目	评分			
		是	大部分是	有点不是	不是
		4	3	2	1
项目十	46．能够用自己的语言表达经营理念和经营、方针				
	47．能够从不同立场考虑问题				
	48．能够给新进人员做行为上的榜样				
	49．有积极辅佐上级的态度				
	50．对外接触时，有自己代表公司的意识				
说明：1．经过测试后，选择"不是"累积 1 分，选择"有点不是"累积 2 分，选择"大部分是"累积 3 分，选择"是"累积 4 分，最后统计出总分； 2．满分 200 分					

4.5.2 用途

BS（Basic Skills）诊断是一种基于基本技能的诊断，通过 BS 诊断，大家可以充分了解自己的基本技能水平，针对薄弱环节制定详细的对策，并着手改善。

在 7S 项目推行过程中，BS 诊断的作用有以下两个方面。

（1）准确、全面地发现工作中存在的问题和不足。

（2）针对诊断出的问题进行改善。

4.5.3 适用事项

《精益 7S 现场管理自检手册》中"9.1　7S 活动绩效考评管理标准"。

4.5.4 使用说明

使用 BS 诊断应遵循以下步骤。

（1）确定 BS 诊断测试表，如表 4-7 所示。

（2）依据测试结果制订 BS 诊断评分表，如表 4-8 所示。

表 4-8 BS 诊断评分表

测试类型	考查方向	得分	测试类型	考查方向	得分
项目一	基本素养		项目六	基本智力	
项目二	组织能力		项目七	专业化意识	
项目三	全员意识		项目八	目标意识	
项目四	计划能力		项目九	改革态度	
项目五	自发性		项目十	则让你意识	

（3）根据获得的分数分析自己的基本技能，并寻找薄弱环节，以便进行改善。

4.5.5 注意事项

使用 BS 诊断，能够分析员工的基本技能，并对其进行改善。在诊断过程中，需要注意以下事项。

（1）确保被诊断对象的回答是真实的。

（2）诊断后应对造成某些基本技能得分比较低的原因进行分析，并将其罗列出来。

（3）通过分析，找出合适的办法来进行改善。

4.6 业务整理

4.6.1 图例

表 4-9 业务经历整理表

序号	日期	所属部门职位	业务内容	获得的技术以及专业能力等	成果

表 4-10 自我资源分析表

现状水平 \ 自我资源	1	2	3	4	5	6	7	8
能在社会上通用								
有自信,无论何时都能使用								
只要稍加努力就能够实现自己的理想状态								
有能力,但想实现自己的理想,须付出很大的努力								
还没有自己的资源								
备注:实现到达点表象的核心资源用●表示,每个●最多代表3个资源								

4.6.2 用途

业务整理是以表格的方式将自己的业务经历整理出来,通过分析确定专业领域的方法。

在 7S 项目推行过程中,进行业务整理,有以下几点作用。

(1) 养成改善工作的习惯,有助于能力的提升。

(2) 发现擅长的专业领域,以在工作中更好地利用该专业优势。

(3) 发现执行中是否存在不精通的专业,以进行改善或调整。

4.6.3 适用事项

《精益 7S 现场管理自检手册》中"9.1　7S 活动绩效考评管理标准""7.1　人员信息管理标准"。

4.6.4 使用说明

业务整理应遵循以下步骤进行。

（1）整理业务经历。要想从众多领域中寻找到自己的专业领域，首先需要对自己曾经的工作业务进行整理和规划。这可以通过制订业务经历整理表来实现，如表 4-9 所示。

（2）寻找正确的专业方向。寻找正确的专业方向，首先需要对自我资源进行分析——它可以明确地分析出自己的优势和劣势，确定我们要寻找的专业方向。如表 4-10 所示。

4.6.5 注意事项

通过业务整理，来确定员工的专业领域，提高其业务能力时，需要注意以下事项。

（1）业务经历整理需要全面，要涵盖全部业务，以免造成专业领域上方向不确定，同时需要深思以下几个问题。
- 认为自己"最充实的时候"是做什么的时候？
- 是什么使自己产生这种感觉？
- 从这些工作中获得了什么？
- 举例说明工作上的不顺心和工作上的失误。
- 这些不顺心或失误是由于知识、经验、技能和态度等哪些方面的不足造成的？
- 在什么时候感到所做的工作是"没有价值的""不愉快的"？
- 工作中最喜欢的时间时什么时间，此时间在做什么？

（2）分析自己现有的资源，可以通过自问以下几个问题来帮助分析。
- 现在自己擅长的领域是什么？
- 自己想学的领域是什么？
- 自己想学的领域是否能增强公司的竞争能力？（不能增强不可作为专业领域）
- 为了提高专业业务素质，今后必须要努力的方向是什么？

4.7 期限通牒

4.7.1 图例

表 4-11 时间段划分样表（一）

时间	工作量	完成情况
第一个月	总量的三分之一	已完成
第二个月	总量的三分之一	完成 85%
第三个月	总量的三分之一	完成 78%

表 4-12 时间段划分样表（二）

工作量	需要时间	完成情况
最难的三分之一部分	第一个月至第二个月中旬	完成 70%
较难的三分之一部分	第二个月中旬至第三个月中旬	尚未完成
简单的三分之一部分	第三个月中旬至第三个月 25 日	尚未完成

4.7.2 用途

期限通牒，是指通过设定完成期限达到让人们立即行动的管理方法。这种方法的提出建立在"最后通牒效应"基础之上，即对于不需要立即完成的任务，人们总是习惯在最后期限即将来临时再完成。

通过以上论述我们看到，期限通牒在 7S 项目推行过程中具有许多用途，主要有以下几个。

（1）解决员工在 7S 项目推行工作中拖延的行为。
（2）解决员工不能完成 7S 项目推行工作任务的问题。
（3）帮助员工学会协调时间，高效工作。

4.7.3 适用事项

《精益 7S 现场管理自检手册》中"9.2　7S 活动绩效激励管理标准""7.3　作业排班管理标准"。

4.7.4 使用说明

每个公司都不乏工作拖延的员工，这些员工不仅自己缺少效率，还会让更多的人变得拖延，整体工作陷入一种"拖拉怪圈"之中。使用期限通牒时，应遵循以下步骤进行。

（1）设定合理的"最后期限"。要想保证期限通牒的"最后期限"设定合理，利于执行，可以从三个方面入手。

- 根据工作的难易度、工作量、工作质量要求等，拟定执行过程中各项工作内容的最后期限。
- 根据员工考核成绩、员工性格特点、当前工作情况等，判定其业务能力水平，因人而异设定最后期限。
- 确认员工目前的工作安排中是否尚有其他任务，以了解员工当前工作状态。在此基础上，调整拟定最后期限。

（2）不断督促，消除拖延。设定最后期限后，管理者还应通过例行检查监督员工的执行情况，以加强期限通牒的效力。可以用以下方式督促。

- 你的工作进展到哪了？
- 有什么困难可以帮助你吗？
- 明天就是截止日期了，任务完成得怎么样了？
- 这项任务很重要的，不要忘记按时完成哦！

4.7.5 注意事项

为了使员工拒绝拖延，立即行动，在使用期限通牒时，还需要注意以下事项。
（1）接受任务时，了解与设置期限。管理者在分配任务时应对期限作出说明。
（2）在执行任务时，将期限时间划分为可见的几个部分。

4.8 节点控制

4.8.1 图例

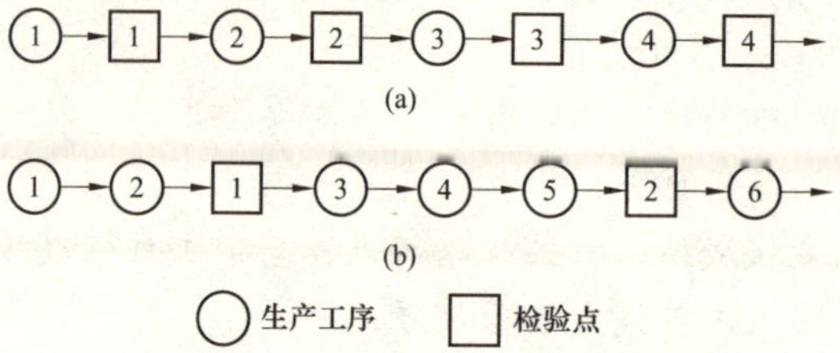

(a) ①→□1→②→□2→③→□3→④→□4→

(b) ①→②→□1→③→④→⑤→□2→⑥→

○ 生产工序　　□ 检验点

（a）完成产口生产后的检验；（b）重要工序的检验

图 4-2　某工序质量控制点在线检验的两种形式

表 4-13　巡查时间分析表

巡查的时机	说明
固定时间	巡查的固定时间由管理者自己的工作内容和性质确定
工作需要	有些巡查是为了工作内容不得不多次进行巡查，如班组长的工作需要
工作感到疲劳	工作感到疲劳的时候可以即兴巡查，以缓解疲劳感
生理上的困倦期	一天中，人总有自己生理上的困倦期，如午饭后，这个时间去巡查说不定能有些收获

4.8.2 用途

节点，是过程中的某一环节（物理和时间上的）；控制即对这些节点进行监控，以保证实现预期目标。

在 7S 项目推行过程中，对节点加以控制主要有以下三个作用。

（1）及时解决员工在工作中的问题，防止不良状况发生。

（2）帮助员工积极进行改善，以激励并提高员工能力。

（3）避免出现疏于监管而导致进度落后或成果不佳的情况。

4.8.3 适用事项

《精益 7S 现场管理自检手册》中"9.1　7S 活动绩效考评管理标准"

"3.2 流程节拍管理标准"。

4.8.4 使用说明

在 7S 推行过程中，也需要对各类工作进行节点式控制。通常情况下，包括对流程进行节点控制和对时间进行节点控制。

（1）对流程进行节点控制。管理者在监控产品质量的过程中，应先区分工序，然后根据工序的重要程度合理设置检验节点。工序类型如表 4-14 所示。

表 4-14　工序类型说明表

工序类型	说明
一般工序	对产品质量形成起一般作用的工序
关键工序	对产品质量形成，特别是可靠性质量起重要、关键作用的工序
特殊工序	不能通过检验和实验得出结果，而只能通过使用才能完全验证的工序

在加强一般工序质量控制的同时，还要对关键工序和特殊工序的质量进行重点控制。如图 4-2 所示为某质量控制点在线检验的两种形式。

（2）对时间进行节点控制。

将上班的第一时间作为节点，并对其加以控制。

一天中要安排几次巡检，巡检时间分析表如表 4-13 所示。

4.8.5 注意事项

为防止不良情况的发生，在对 7S 项目进行节点控制时，还需注意以下事项。

（1）设置节点时，应在关键工序、容易出现问题的工序设置节点。

（2）设置时间节点时，应设置恰当的时间对某一任务进行检测。

4.9 ARIS 仿真

4.9.1 图例

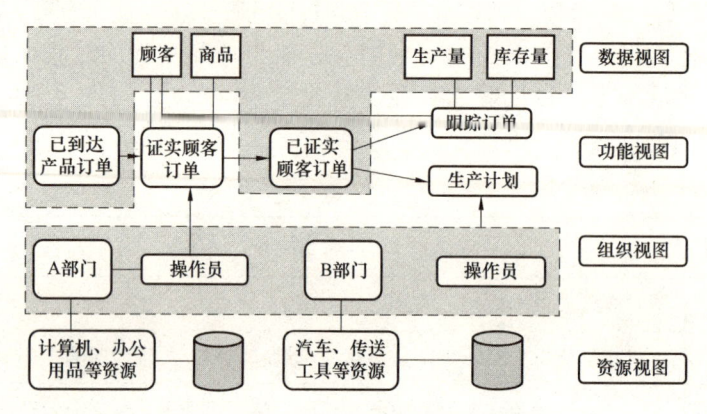

图 4-3 某业务流程过程（部分）模型

4.9.2 用途

ARIS（集成信息系统体系结构）仿真。在 ARIS 中，组织、数据和功能视图相对独立，它们之间的关系由过程视图来描述。四个视图组成一个房式结构，形成一个完整的系统。企业可以在现状调研的基础上，建立企业的现状模型，然后通过与用户讨论、分析，进行业务流程的优化和仿真，继而建立企业信息化总体框架下的业务模型。

在 7S 项目推行过程中，通过 ARIS 仿真，可以发挥以下作用。
（1）可以消除流程运作中的瓶颈和障碍。
（2）控制流程运作中的产品质量。
（3）控制产品的交货期和成本。
（4）确保关键流程运作取得最佳的效果。

4.9.3 适用事项

《精益 7S 现场管理自检手册》中"10.1 7S 细化标准文件管理标准"。

4.9.4 使用说明

ARIS 模型是通过四个视图的结合来模拟流程过程，其结构如图 4-4 所示。

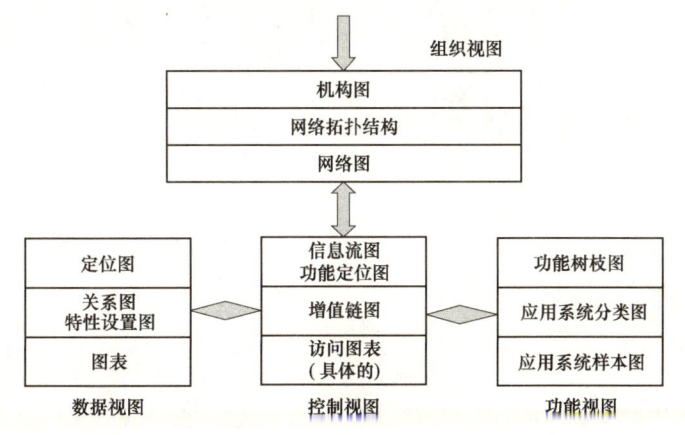

图 4-4　ARIS 结构视图

ARIS 模型综合组织、数据、功能、控制、资源输出等方面，描述了流程的各个方面。流程中的每一个环节，都有详细的属性描述，如操作要点等。

进行 ARIS 仿真，可以参照以下步骤进行。

（1）流程属性设置。在模型的对象属性中设置如业务流量、人员作息等属性。

（2）对"环节时间""人员数量"等原始的作业数据信息进行现场采集。

（3）通过统计处理数据后，输入到 ARIS 模型中。

（4）进行关键作业流程系统仿真工作，通过 ARIS 平台输出"流程输出数据信息"。

仿真结束后，ARIS 流程平台会产生这些模型在各方面运行的相关数据。例如，流程作业速度、流程瓶颈、人员利用率、统计未来扩张能力等数据图。

以某大型物流运输中心为例，其输送业务分为 A 到 Z 区，分为整箱搬运和拆零输送，实施 ARIS 系统流程仿真，可以输出人员利用率、扩张能力等数据图。通过 ARIS 仿真输出的流程作业速度图如图 4-5 所示。

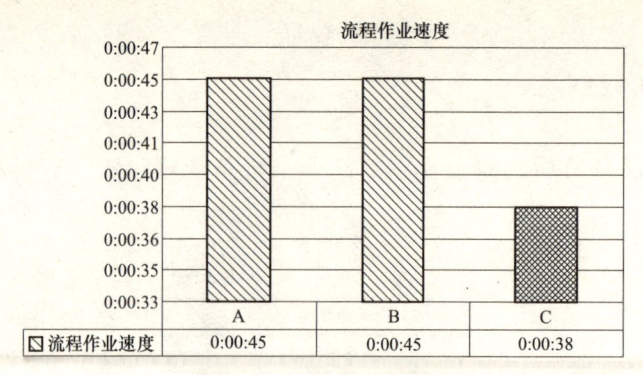

图 4-5 流程作业速度图

其中，A 区和 B 区为拆零搬运速度为 45 秒，C 区位整箱搬运速度为 38 秒，结果显示整箱搬运要快于拆零搬运。因此，企业可以根据自己的状况，在保持绩效和降低成本等前提下，提倡整箱搬运，以提高流程效率，创造利润。

其部分 A 区人员利用率如图 4-6 所示。

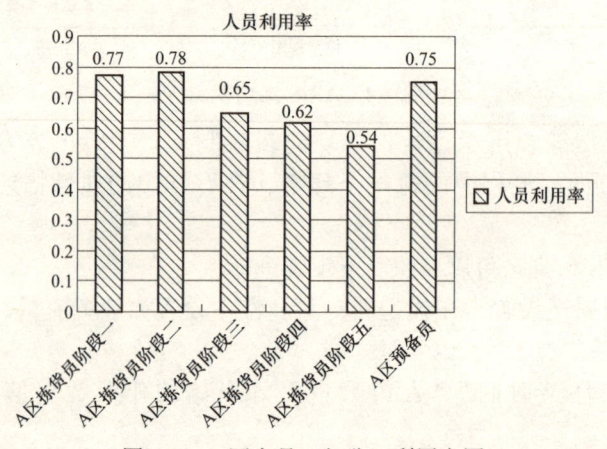

图 4-6 A 区人员（部分）利用率图

由上图可以看到，A 区中阶段三、阶段四、阶段五人员的利用率较低。对此，可以根据企业的实际情况，采取相应的调整措施。

4.9.5 注意事项

为了消除流程中的瓶颈和障碍，进行 ARIS 仿真时，应注意以下事项。

（1）在进行 ARIS 仿真时，要综合组织、数据、功能、控制、资源输出等多个方面。

（2）ARIS 仿真模型只是通过仿真模拟来找出流程过程中存在的问题，实际解决时，企业应根据自身的实际情况进行相应的调整。

4.10 PDCA 循环

4.10.1 图例

表 4-15 员工的 PDCA 绩效管理

阶段	内容	说明
P	计划	分析员工目前的工作状况；重新评估岗位职责说明书；调查员工对绩效管理的认识度；分析目前员工的工作状况
		设计系统循环各个关节，并做到程序化，确定循环周期
		统一认识，必要时对员工进行培训
		分析过去，总结经验，建立目标管理卡
D	实施	根据员工的性格、学历、知识、经验、能力明确不同的指导方法，既是管理者又是辅导者与参与者；根据具体实施情况，保持持续绩效沟通，掌握进度、纠正偏差、解决一切困难、并保持必要的强化手段，鼓舞士气（沟通的 PDCA 循环如表 4-16 所示）
		员工主要工作：充分利用赋予的权利及自己综合能力，学习"PDCA"绩效循环人类行为模式相关知识，并自觉运用到工作中提高个人工作成效
C	检查	运用绩效评价表格对原定绩效目标达成情况逐项对照评价，待完成后，管理者与员工双方共同找出影响绩效达成的原因、存在的问题，解决的方法，并形成书面材料为 A 阶段提供依据
A	处理	利用汇总资料，洞悉隐藏的深层问题，对 D 阶段未解决问题作出分析，制订纠正措施；进行奖励和处罚，组织班组成员开展培训

表 4-16 沟通的 PDCA 循环

阶段	内容	说明
P	计划	管理者与员工一道分析讨论问题（必要时可提请人力资源部会同相关部门共同处理），制订方案、解决方法、解决的时间期限及标准
D	实施	员工执行方案，解决问题
C	检查	管理者在具体时间验证执行中问题解决程度，确定状况
A	处理	双方总结解决问题情况，提取经验，未解决的问题进入新一轮循环解决

4.10.2　用途

所谓 PDCA，是 Plan（计划）、Do（实施）、Check（检查）、Action（处理）四个英文单词的首字母组合，具体含义如下。

（1）P——确定方针和目标，确定活动计划。

（2）D——实地去做，实现计划中的内容。

（3）C——总结执行计划的结果，注意效果，找出问题。

（4）A——对成功的经验加以肯定并适当推广、标准化；失败的教训加以总结，将未解决的问题放到下一个 PDCA 循环。

PDCA 循环（见图 4-7）本是产品质量控制的一个原则，但是它不仅能控制产品质量管理的过程，还可以有效控制工作质量和管理质量，并实现工作和管理的持续进步。

在 7S 项目推行过程中，运用 PDCA 思想进行管理，可以发挥以下作用。

（1）PDCA 循环的过程就是 7S 项目推行过程中发现问题、解决问题的过程。

（2）有助于质量问题持续改进提高。

（3）有助于供应商管理。

（4）有助于新产品开发的质量管理。

（5）有助于质量测试管理。

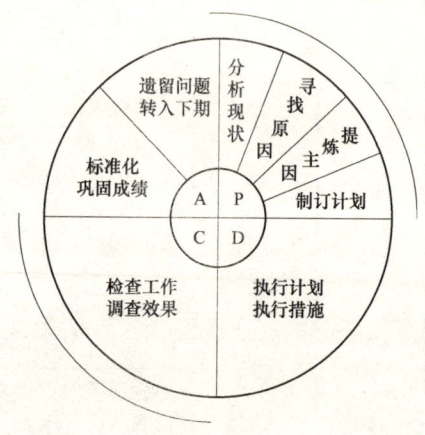

图 4-7　PDCA 循环的四阶段、八步骤示意图

4.10.3　适用事项

《精益 7S 现场管理自检手册》中"10.2　7S 标准推广管理标准""11.1　7S 问题管理标准""11.2　7S 改善提案管理标准"。

4.10.4　使用说明

在实际应用中，可以将 PDCA 循环的四个阶段细化为八个步骤，如图 4-7 和表 4-17 所示。

表 4-17　PDCA 循环实施步骤

PDCA 原则	执行阶段	执行步骤	使用方法
P	计划阶段	分析现状	直方图、控制图、工序能力分析
		寻找原因	因果图、关联图、散布图
		提炼主要原因	排列图、散布图、矩阵图、关联图
		制订计划改善	"5W1H"方法、目标管理、系统图、程序图
D	执行阶段	实施计划	系统图、矩阵图
C	检查阶段	检查实施效果	排列图、控制图、散布图、抽样检查
A	处理阶段	制订标准	—
		启动下一个循环	

4.10.5　注意事项

在 7S 项目推行过程中，要想通过 PDCA 循环发现企业中存在的问题，并制订相应的解决措施，还需要注意以下事项。

（1）PDCA 是持续循环，消除浪费不是经过一次 PDCA 循环就可以解决的，而应该周而复始地进行循环，持续改善。

（2）改善工作可以分为多个等级和层次，如果整个企业的改善是一个大的循环，那么各个生产部门也有小的循环，也就是大环套小环的形式。

（3）整个企业的改善水平随着 PDCA 的不断循环会得到提升。每进行一次 PDCA 循环都会取得一部分成果，企业的改善水平也会有所提高。PDCA 循环是一个不断发展和提升的过程，就像上台阶一样，逐步循环上升。

4.11 SDCA 循环

4.11.1 图例

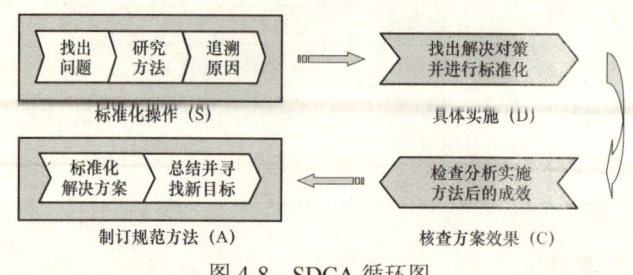

图 4-8 SDCA 循环图

4.11.2 用途

SDCA 循环意为"标准化维持"，是一种在流程管理中实施"标准化—执行—检查—改进"的循环模式。其中，S 代表标准（Standard），D 代表执行（Do），C 代表检查（Check），A 代表总结（Action）。

在 7S 项目推行过程中，SDCA 循环可以发挥以下作用。

（1）通过对推行 7S 项目的相关流程进行标准化管理，能够精确地完成目标。

（2）通过检查程序，能够及时发现流程运作问题点，继而有效地进行纠偏。

（3）通过对操作步骤实施固定要求，实现 7S 项目推行的标准化。

4.11.3 适用事项

《精益 7S 现场管理自检手册》中"10.2　7S 标准推广管理标准""11.1　7S 问题管理标准""11.2　7S 改善提案管理标准"。

4.11.4 使用说明

通常情况下，SDCA 是和 PDCA 结合使用，并作为 PDCA 的辅助工具对流程进行循环改进。

（1）SDCA 和 PDCA 的结合时机。

在 SDCA 运行之初，工作流程通常都是不稳定的。基于此，需要借助 SDCA 循环将现有的变化过程标准化，使之稳定下来，再导入 PDCA 循环，对这些流程加以改善。

（2）SDCA 和 PDCA 的关系。

虽然 SDCA 和 PDCA 的应用上有很多不契合的方面（如时机和领域），但是在流程管理的维持与改善方面，二者是相辅相成的。如果缺少 SDCA 循环，流程的改善成果就不能得以巩固；如果没有 PDCA 循环，流程水平就不能得到提高。

SDCA 的主要作用是稳定和保持流程状态，而 PDCA 的主要作用是改善流程，提高流程水准。所以，当既定流程标准得以建立，并通过 SDCA 循环使流程处于稳定状态后，即可进入 PDCA 循环体系。

这样一来，两者紧密结合，交替使用，便可以使流程处于"标准化→改进→再标准化"的持续改善状态中。

4.11.5　注意事项

在 7S 项目推行过程中，通过 SDCA 来稳定和保持流程状态时，应注意以下事项。

（1）标准必须是面对目标的，即：遵循标准总是能保持生产出相同品质的产品。

（2）流程标准中要显示出标准操作的原因和预期结果。

（3）避免出现抽象模糊的词语，保证语言描述的准确性和理解上的无误差。

（4）尽量使用图和数字来制订作业规范，将流程作业予以量化。

（5）制订的标准必须符合事实，可操作性较强。

（6）标准化文件要及时更新，在需要时必须修订。

4.12 SOP 管 理

4.12.1 图例

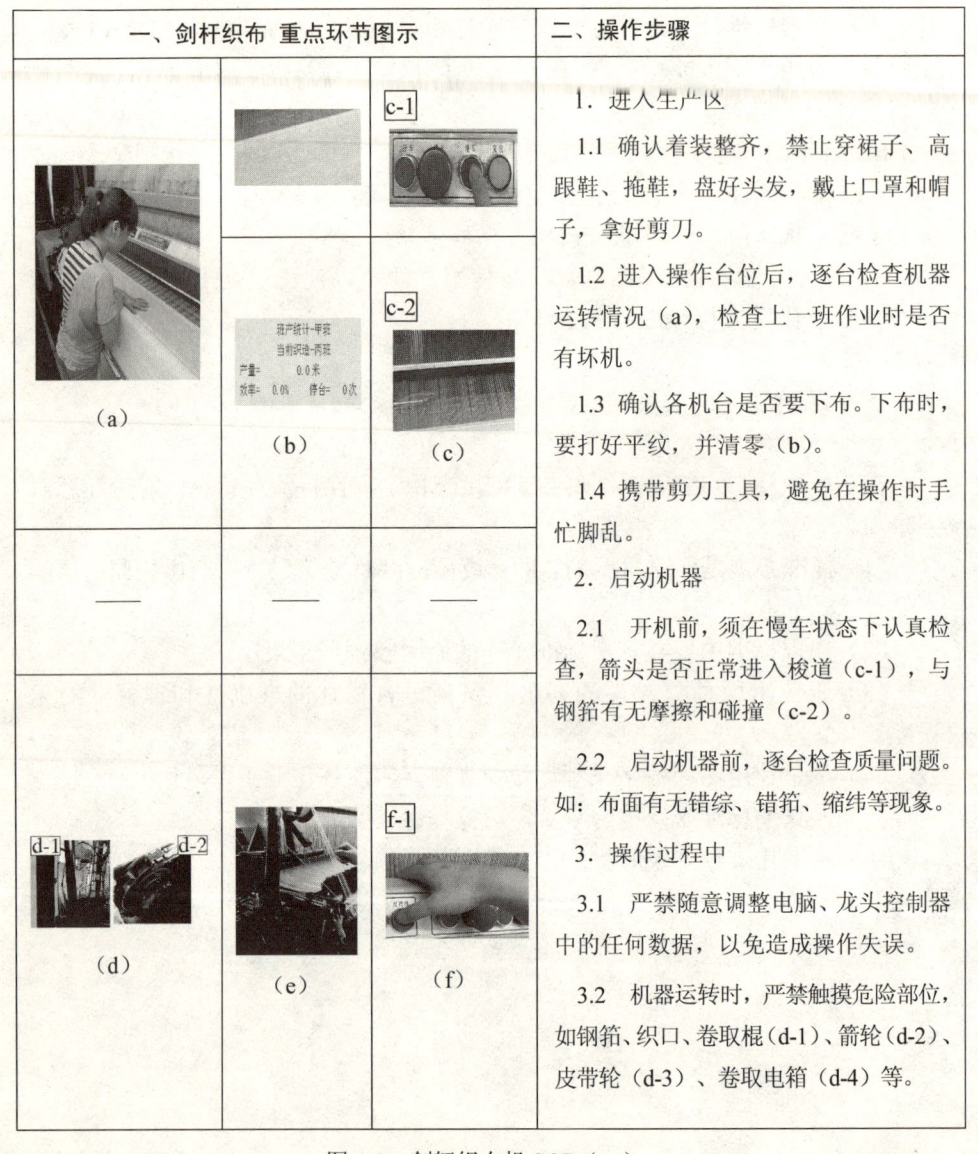

一、剑杆织布 重点环节图示	二、操作步骤
(a) (b) c-1 c-2 (c) — — — d-1 d-2 (d) (e) f-1 (f)	1. 进入生产区 1.1 确认着装整齐，禁止穿裙子、高跟鞋、拖鞋，盘好头发，戴上口罩和帽子，拿好剪刀。 1.2 进入操作台位后，逐台检查机器运转情况（a），检查上一班作业时是否有坏机。 1.3 确认各机台是否要下布。下布时，要打好平纹，并清零（b）。 1.4 携带剪刀工具，避免在操作时手忙脚乱。 2. 启动机器 2.1 开机前，须在慢车状态下认真检查，箭头是否正常进入梭道（c-1），与钢筘有无摩擦和碰撞（c-2）。 2.2 启动机器前，逐台检查质量问题。如：布面有无错综、错筘、缩纬等现象。 3. 操作过程中 3.1 严禁随意调整电脑、龙头控制器中的任何数据，以免造成操作失误。 3.2 机器运转时，严禁触摸危险部位，如钢筘、织口、卷取棍（d-1）、箭轮（d-2）、皮带轮（d-3）、卷取电箱（d-4）等。

图 4-9 剑轩织布机 SOP（一）

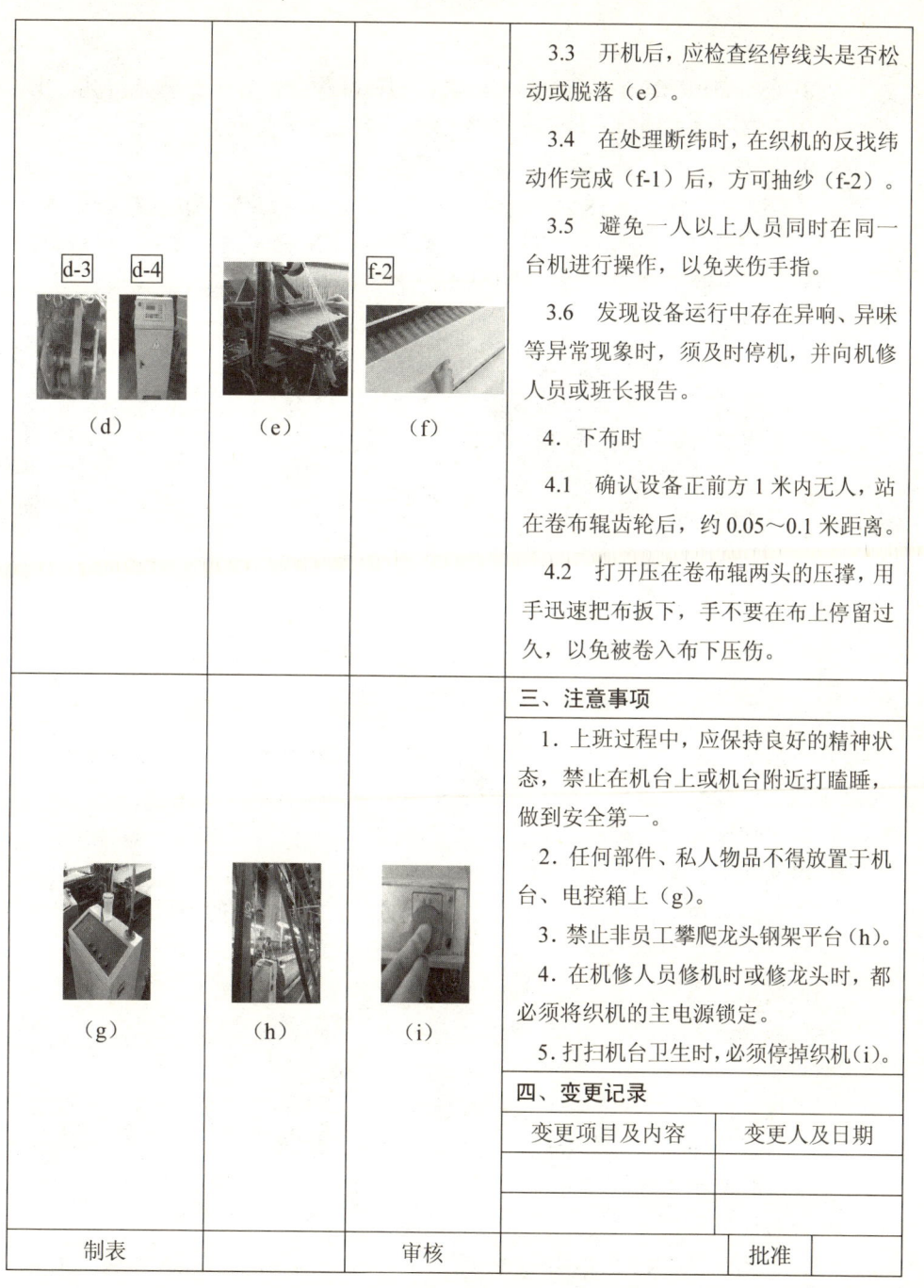

d-3 d-4 （d）		（e）	f-2 （f）	3.3 开机后，应检查经停线头是否松动或脱落（e）。 3.4 在处理断纬时，在织机的反找纬动作完成（f-1）后，方可抽纱（f-2）。 3.5 避免一人以上人员同时在同一台机进行操作，以免夹伤手指。 3.6 发现设备运行中存在异响、异味等异常现象时，须及时停机，并向机修人员或班长报告。 4．下布时 4.1 确认设备正前方1米内无人，站在卷布辊齿轮后，约0.05～0.1米距离。 4.2 打开压在卷布辊两头的压撑，用手迅速把布扳下，手不要在布上停留过久，以免被卷入布下压伤。
（g）		（h）	（i）	三、注意事项 1．上班过程中，应保持良好的精神状态，禁止在机台上或机台附近打瞌睡，做到安全第一。 2．任何部件、私人物品不得放置于机台、电控箱上（g）。 3．禁止非员工攀爬龙头钢架平台（h）。 4．在机修人员修机时或修龙头时，都必须将织机的主电源锁定。 5．打扫机台卫生时，必须停掉织机（i）。
				四、变更记录
				变更项目及内容 | 变更人及日期
				|
				|
制表		审核		批准

图4-9 剑轩织布机SOP（二）

4.12.2 用途

SOP（Standard Operation Procedure），即标准作业指导书，就是将某一工作的操作步骤和要求用统一的格式描述出来，用来指导此项工作。

SOP 在 7S 项目推行过程中，能够发挥以下作用。

（1）能够保证员工在 7S 项目推行过程中按标准进行，提高执行的准确性。

（2）保证相同职位的员工在推行 7S 项目过程中能够产出一致的工作成果。

（3）能够积累技术、经验，形成指导文件，避免出现人员离职，岗位无人能接替的情况。

（4）能够使员工快速掌握正确的工作方法。

（5）能够根据作业标准，追查工作出现问题的原因。

（6）能将容易犯错的步骤指出，以免重复犯错。

4.12.3 适用事项

《精益 7S 现场管理自检手册》中"10.2　7S 标准推广管理标准"。

4.12.4 使用说明

在一般情况下，SOP 指导书属于三阶文件。SOP 对生产作业细化量化，作出最细致的标准作业指导。

（1）SOP 反映了生产部门的技术水平，它将企业积累下来的技术、经验记录在标准文件中，避免了因技术人员的流动导致生产技术也随之流失。

（2）检验人员依据 SOP 来检查实际操作情况，对出现的问题及时予以纠正，并追查不良品产生的原因。

（3）对不熟悉项目进行检验时，应按 SOP 来操作。

（4）操作人员可借助 SOP 进行短期培训，继而快速掌握较为先进、合理的操作技术。

作业现场的 SOP，一般都被安装在作业员正面可见的位置上，为生产作业的顺利进行和产品质量的有效提升提供了充足的保障。

由于流程本身以及管理方式的不同，SOP 的推进方式也不尽相同。一般情况下可以按照以下步骤进行。

（1）分列流程，制作流程图。按照公司对 SOP 的分类，制作相应的主流程图。

（2）制作与主流程图配套的子流程图。

（3）依据每一子流程，制订相应的程序。在每一套程序中，确定全部控制点，进而确定需要做 SOP 的控制点和不需要做 SOP 的控制点，以及哪些控制点可以合并制作一个 SOP 的。

（4）对需要推行 SOP 的工作，要确定其操作步骤。对于在程序中确定需要做 SOP 的控制点，要将其相应的操作步骤罗列出来。

（5）套用公司模板制订 SOP。按照公司的模板来编写 SOP，不要改动模板上的设置。为了将步骤中某些细节予以形象化和量化，在一些 SOP 中，可适当增加一些图片或图例。

（6）完善 SOP，并开展持续改进工作。SOP 对于公司的流程运作至为重要，应保持用 1～2 年的时间进行投放。SOP 中应包含的内容，如表 4-18 所示。

表 4-18　SOP 应包含的内容

序号	内容项目	具体说明
1	关键因素	列出关键因素，并简单描述控制措施。关键因素主要包括环境因素、安全因素、卫生因素、质量因素等。其中，对于质量因素要列出质量标准，并说明控制此项标准应达到的设备参数要求
2	相关文件和参考资料	说明在阅读和操作此 SOP 前应了解的文件和资料
3	设备示意图	（1）用图片或照片的形式展示 SOP 中所涉及的主要设备。 （2）编制并说明阀门、泵和按钮等设备部件的编号
4	操作前准备	（1）常用工具：列出本操作所涉及的操作及维修工具、防护工具和清洁工具等。 （2）相关记录：列出进行本操作所使用的记录。 （3）安全措施：描述操作前应实施的安全防护措施，包括佩戴劳防用品，确认各项安全措施已经到位，了解操作过程中发生安全事故的应急措施等。 （4）工作描述：描述操作前需要就绪的工作，包括作业内容和要点提示
5	操作步骤	这部分内容分为两栏：作业内容和要点提示。 （1）作业内容应包括整个操作步骤的全部内容。 （2）要点提示是对作业内容的强调和解释

续表

序号	内容项目	具体说明
6	常见故障及简单排除方法	一个合格的操作员应了解操作设备的基本情况并熟悉一些常见故障的简单操作方法。这部分通常分为三栏：故障现象、故障内容、排除方法和使用工具
7	紧急情况的处理	这部分内容是任何一位操作员都必须了解所进行操作的紧急情况处理方案，以避免发生不必要的损失。这部分通常分为两栏：紧急情况、处理措施和特殊提示
8	流程图	使用正确的流程图符号

4.12.5 注意事项

为了使 SOP 具有更强的针对性，在制订 SOP 时，还需要注意以下事项。

（1）制订 SOP 时，在内容上要满足"5W1H"原则和"最好，最实际"原则，这些原则的内容如下。

> Where。在哪里使用此作业指导书？
> Who。什么样的人适合使用此作业指导书？
> What。此项工作项目的名称和内容是什么？
> When。此项工作项目何时开始？何时结束？
> Why。此项工作项目的目的是什么？
> How。如何才能按步骤完成工作项目？
> 最好。即最科学、最有效、简单明了的方法。
> 最实际。即可操作性强，综合效果良好。

（2）SOP 的重点是指导和规范生产作业。在编制时，应当以具体操作过程为重点，详细标注每个操作步骤的操作要点、材料及设备、作业过程和结果的标准等。

（3）SOP 应当具有确定性，在编制时，应当明确何时、何地、何人使用，以确保其内容具有针对性和指导意义。

（4）SOP 的编制，应力求条理化、形象化，使其具有可操作性，易于员工遵守。

4.13 岗位职责书

4.13.1 图例

表4-19 某公司招聘专员岗位职责书

岗位名称		培训专员	部门	人力资源部	直属上级	人力资源经理
内部协作		人力资源部所属人员		外部协作	企业其他部门、培训机构	
工作内容						
工作职责（一）	工作内容	培训调查分析工作		权重	30%	
		（1）负责调查企业员工对岗位的认知程度。 （2）负责调查企业员工对制度的执行情况。 （3）负责分析员工培训的必要性。 （4）负责编写、上报培训计划				
工作职责（二）	工作内容	培训实施工作		权重	45%	
		（1）负责培训课件的开发与组织工作。 （2）负责员工培训的组织及模块课程的讲授。 （3）制订月度培训计划及执行表并负责组织实施。 （4）负责企业项目及专项培训的分析、组织及安排。 （5）定期组织培训课件的播放学习。 （6）为决策层、管理层、执行层受训人员培训提供辅助学习材料。 （7）每月进行一次员工座谈会，加强员工的归属感。 （8）负责培训档案的管理工作				
工作职责（三）	工作内容	新员工培训工作		权重	25%	
		（1）介绍企业发展历程、企业文化、7S精神、发展前景。 （2）介绍日常7S推行注意事项。 （3）讲授7S推行方法。 （4）向新员工说明岗位职责的具体要求，指明职业发展方向				

续表

任职资格
（1）专业及教育水平：人力资源、工商管理相关专业，大专学历。 （2）工作经验：一年及以上培训类岗位工作经验。 （3）技能要求： ➢ 具备良好的组织协调能力。 ➢ 能够独立开展培训课程开发工作。 ➢ 语言表达能力强，善于沟通。 ➢ 具有良好的逻辑思维和发掘、分析问题的能力。 ➢ 具有大型培训机构工作经验者优先

4.13.2 用途

岗位职责书是一种文件，用于明确各岗位人员的工作任务和责任范围。

在7S项目推行过程中，制订岗位职责书主要有以下作用。

（1）可以最大限度地实现人力资源的科学配置，解决"7S"中人力资源浪费问题。

（2）防止因职务重叠而发生工作推诿、矛盾等问题。

（3）可作用企业考核、招聘人才使用的依据。

（4）约束员工正确行使自己的职权。

（5）提高工作效率和工作质量。

4.13.3 适用事项

《精益7S现场管理自检手册》中"10.2　7S标准推广管理标准"。

4.13.4 使用说明

制订岗位职责书时，应遵循以下步骤。

（1）明确岗位职责的制订原则。对此，应当考虑以下几点。

➢ 符合企业所需岗位的工作性质和工作特点，以准确界定员工的工作范围、权限、责任和义务。

➢ 按不同专业、档次和岗位制订，以保证员工的职能与责任吻合，避免出现不胜任或不负责的情形。

> 阐述全面、准确、明了，保证严谨性，以便于员工履行职责和监督工作。

（2）制订岗位职责。制订岗位职责一般有两种方法，下行法和上行法。

> 下行法。下行法是自上而下分解工作职责的方法，具体指通过对组织战略进行分解得到岗位职责的具体内容，然后根据业务流程界定在这些职责中，该岗位扮演的角色及拥有的权限。

> 上行法。上行法是一种自下而上的归纳法。通过对岗位基础性工作活动进行观察、记录，总结成工作要素（用简单、有针对性的词汇描述工作活动），然后进行逻辑归类，形成工作任务，并在工作中进行验证，最后获得职责描述。

（3）编制岗位职责书，如表4-19所示。

4.13.5　注意事项

岗位职责书能够明确作业人员工作职责，使员工做好分内的事。为了使编制的岗位职责书更加合理，我们需要注意以下事项。

（1）编制前必须明确岗位职责，职责安排确保合理。

（2）岗位职责书必须全面、准确、明了，员工能够很容易领会。

（3）岗位职责书要进行定期的审核和修订，确保能够准确履行。

4.14 标杆管理

4.14.1 图例

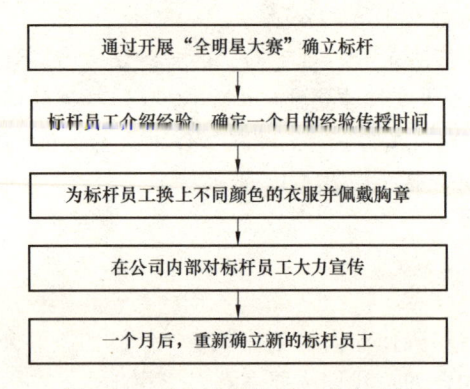

```
通过开展"全明星大赛"确立标杆
            ↓
标杆员工介绍经验,确定一个月的经验传授时间
            ↓
为标杆员工换上不同颜色的衣服并佩戴胸章
            ↓
在公司内部对标杆员工大力宣传
            ↓
一个月后,重新确立新的标杆员工
```

图 4-10　某企业标杆员工确立示例

4.14.2 用途

标杆模仿是一种关于激励的管理方法,指管理者在组织内部寻找在某方面表现最佳的人作为榜样,鼓励其他员工以此为基准与自己进行比较、分析,然后模仿,从而让工作得到改善,并达到或赶超榜样的目的。

标杆模仿能够使人们通过观察他人的行为及强化结果,使自身在执行过程中的某些行为得到矫正。标杆模仿模型如图 4-11 所示。

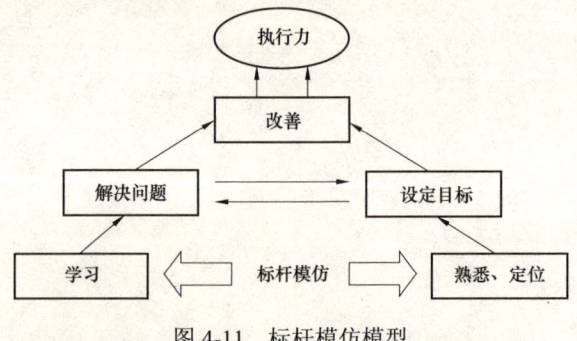

图 4-11　标杆模仿模型

确切地说,标杆模仿对 7S 项目的推行有以下作用。

(1) 树立 7S 项目推行标杆,创造了一种内部 7S 项目推行的竞争氛围,激励大家争相超越。

（2）创造了一种内部学习的氛围，为了达到7S标杆的高度不断学习。

（3）创造了一种良好的工作方法，明确了工作的标准，有了7S项目推行应努力的方向。

4.14.3 适用事项

《精益7S现场管理自检手册》中"10.2　7S标准推广管理标准"。

4.14.4 使用说明

实施标杆管理应遵循以下步骤，如表4-20所示。

表4-20　标杆管理实施步骤

步骤	说明
1. 选择合适的标杆员工	（1）通过评比，选出标杆员工。 （2）由7S推行小组寻找标杆员工
2. 有效利用标杆员工	（1）请标杆员工介绍工作经验。 （2）将标杆员工"亮"化。 （3）宣传标杆员工。 （4）帮助员工对自身做研究，找出自身需要改进的地方。 （5）帮助员工研究标杆模仿对象，确定员工自身与标杆之间的差异，帮助其在7S项目推行过程改进
3. 预防标杆员工发生变化	（1）维护标杆员工的人际关系。 （2）提醒标杆员工注意细节。 （3）培养标杆员工的抗挫折能力

4.14.5 注意事项

借助标杆管理，可以让企业中成功向强者学习，成为7S项目推行过程中的精英。要想真正充分发挥标杆的作用，还需要注意以下事项。

（1）在评选标杆员工时，应做好程序化、标准化工作，确保有可衡量的程序和标准。另外，在开展时最好邀请公司中有较大影响力的人物参与评比。

（2）被选为标杆的员工，要保证其他员工能够在较短的时间内达到并超越他，这样才能在执行过程中有效激励员工。否则，会让人产生畏惧心理，难以产生应有的激励作用。

（3）向员工宣导应正确对待标杆员工。标杆员工不仅是员工要超越的对手，同时也是学习和工作上的朋友。

5

改善与提升技术

5.1 5W1H 分析法

5.1.1 图例

表 5-1 5W1H 会议方法

序号	WHAT（问题、内容）	WHY（目的、目标）	WHERE（场所）	WHEN（计划、时间）	HOW（方法）	WHO（责任人）
1	冲压机及磨具确认修理	冲压不良，尺寸大	冲压组	6月28日 10:00	（1）更换模块 （2）模块两侧研磨	李××
2	试模	确认尺寸，维修效果	冲压组	6月28日 16:00	（1）10PCS （2）尺寸检查	张××
3	量产	200PCS	生产一班	6月29日 08:00	（1）工程确认 （2）组装问题检查	王××

5.1.2 用途

5W1H 分析法是一种思考方法，也叫六何分析法，从原因（何因）、对象（何事）、地点（何地）、时间（何时）、人员（何人）、方法（何法）六个方面提出问题进行思考，是一种创造技法。在生产作业中，通过不断地提问、思考、研究、解决，能使生产作业得到不断完善。

在 7S 项目推行过程中，使用 5W1H 分析法，具有以下作用。

（1）挖掘问题发生的根源。
（2）探究有效的问题解决对策。
（3）针对某一个细节实现针对性完善。
（4）做好全面、可行的规划。

5.1.3 适用事项

《精益 7S 现场管理自检手册》中"11.1　7S 问题管理标准"。

5.1.4 使用说明

在 5W1H 的具体操作过程中，应采用以下方法。

（1）明确 5W1H 法的内容，如表 5-2 所示。

表 5-2　5W1H 法的内容说明

5W1H	常用的提问方式	改进
谁	• 由谁来完成？ • 还有谁应包括进来？ • 谁不应该包括进来？ • 由谁批准？	• 还需要一些人加入吗？ • 参加的人可以减少吗？ • 批准的人可以减少吗
事件	• 要做什么？ • 需要什么？	• 每个步骤都是必须的吗？ • 这些步骤可以简化掉吗
时间	• 任务什么时间开始？ • 什么时间结束？	• 该任务是否可以放在其他时间段执行？ • 可以缩短完成时间吗
地点	• 任务在哪里完成？	• 在其他环境化下可以完成吗
原因	• 我们为什么要做？	• 任务量能减少吗？ • 其他人可以做吗
如何	• 如何做？	• 有更好的执行方法吗

（2）确定 5W1H 的分析步骤。
- 遇到复杂、模糊的问题时，首先要开始了解问题载体的相关信息。
- 理清问题，实施进一步调查后，初步明确问题所在。
- 通过更进一步的调查，理清问题形成的原因。
- 找到根本原因，通过 WHY、WHO、WHAT、WHERE、WHEN 的不停提问，深挖问题的根源。
- 找到对策，通过 5W 找到根本原因后，就开始问 HOW，怎么去做才能解决问题。
- 评估问题解决的成效，并把新的解决方案标准化。

（3）分析 5W1H 法的不同用途。为了保证 5W1H 法能够被正确使用，必须要根据 5W1H 法的不同用途分析其使用方法，如表 5-3 所示。

表 5-3　5W1H 法不同用途的使用方法

用途	使用方法
规划项目	通过问题和答案制订计划
寻找改进机会	通过问题对可能的变化再次进行提问

续表

用途	使用方法
界定一个问题	通过问题和答案分析原因
评估项目	通过问题或答案对更改、扩大或标准变化进行再提问
报告或陈述	各项问题要明确地显示在文本中

（4）掌握5W1H法实施的技巧。实施5W1H分析法时，可融入ECRS（取消、合并、改变、简化）技巧（详见2.5 ECRS分析法），利用这四个技巧，即可对任何问题进行分析，然后形成一个新的人、物、场所相结合的新概念和新方法。5W1H分析法的操作技巧如表5-4所示。

表5-4　5W1H法的操作技巧

类型	5W1H	说明	对策
主题	做什么？	• 要做的是什么？ • 该项任务能取消吗	取消不必要的任务
目的	为什么做？	• 为什么这项任务是必须的？澄清目的	
位置	在何处做？	• 在哪做这项工作？ • 必须在那做吗	改变顺序或组合
顺序	何时做？	• 什么时间是做这项工作的最佳时间？ • 必须在那个时间做吗	
人员	谁来做？	• 谁来做这项工作？ • 应该让别人做吗？ • 为什么是我做这项工作	
方法	怎么做？	• 如何做这项工作？ • 这是最好的方法吗？ • 还有其他的方法吗	简化任务

另外，在实际操作中，需要针对现存问题以精益求精的态度予以追查，直至找到问题的根源，如表5-5所示。

表5-5　反复提问示例表

问题	第一次提问	第二次提问	第三次提问
Why	原因是什么	为什么是这个原因	有无其他原因
Where	何地	为什么是此地	其他地方呢
When	何时	为什么是此时	其他时间呢
Who	何人	为什么是此人	有无其他人
What	何事	为什么是此事	有其他事吗
How	如何	为什么	有无更适合的方案

5.1.5 注意事项

在 7S 项目推行过程中,使用 5W1H 分析法,清理关键要素,制订最佳执行方案时,还应注意以下事项。

(1) 为了保证 5W1H 分析法能够被正确使用,在发挥其不同功用时,应做到具体问题具体分析。

(2) 实施 5W1H 分析法时,可以融入 ECRS(取消、合并、重排、简化)技巧,利用这四种技巧,即可对任何问题进行分析,然后形成一个新的人、物、场所相结合的新概念和新方法。

(3) 使用 5W1H 分析法可以系统地、深入地挖掘产生问题的根本原因。但是,在实际操作中,需要针对现存问题以精益求精的态度予以追查,直至找到问题的根源。

5.2 5WHY分析法

5.2.1 图例

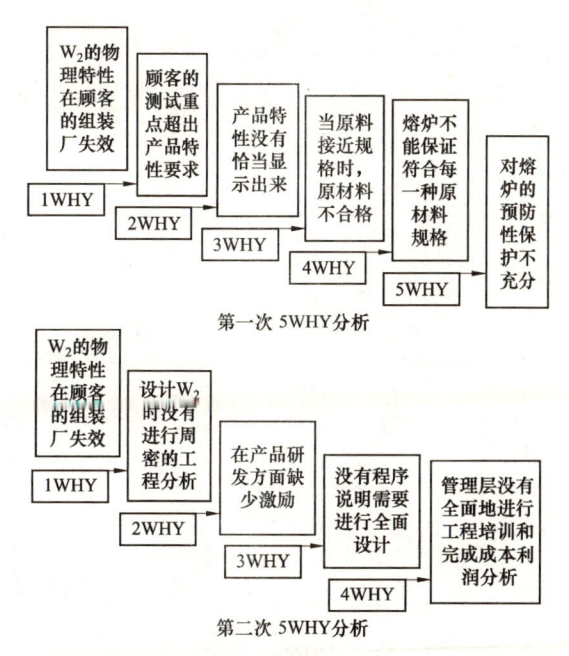

第一次5WHY分析

第二次5WHY分析

图 5-1 商品特性失效的 5WHY 分析图

5.2.2 用途

5WHY 分析法源于日本丰田公司，又称"5问"法，它是一种诊断性技术，通过连续提问 5 次为什么来识别和说明因果关系链，帮助人们找到问题的根源。

在 7S 项目推行过程中，实施 5WHY 分析法的作用如下。

（1）对于问题"打破砂锅问到底"，便于找到问题发生的根本原因，有助于从根本上解决问题。

（2）在部门里开展和普及 5WHY 分析法，将使工作更加高效，有利于 7S 项目的推行。

5.2.3 适用事项

《精益 7S 现场管理自检手册》中 "11.1　7S 问题管理标准"。

5.2.4 使用说明

5WHY 分析法的操作可以分为 3 个部分、8 个步骤。

（1）分析现状。这个过程包括四个分析步骤，有识别问题、澄清问题、查找原因要点和把握问题倾向，如表 5-6 所示。

表 5-6　5WHY——分析现状

步骤	说明	问题
步骤 1：识别问题	开始了解一个较大、模糊或复杂的问题	问： • 我现在知道什么
步骤 2：澄清问题	弄清当前的实际情况	问： • 原本应该发生什么事情？ • 实际发生了什么事情
步骤 3：分析问题	如果必要，可将问题分解为独立元素	问： • 关于这个问题我还知道什么？ • 还有其他小问题存在吗
步骤 4：查找原因要点	焦点集中在查找问题原因的实际要点上，需要通过追溯来了解第一手的原因要点	问： • 我需要去何处去调查取证？ • 我需要关注哪些问题？ • 谁可能掌握有关信息

（2）调查原因。该过程包括两个分析步骤，即把握问题倾向与异常识别，如表 5-7 所示。

表 5-7　5WHY——调查原因

步骤	说明	问题
步骤 5：把握问题的倾向	要把握问题未来发展的倾向性	问： • 谁来主导，哪个方向，什么时间？ • 发生频次如何，影响力大小

续表

步骤	说明	问题
步骤6：识别并确认异常现象的直接原因	依据事实确认直接原因。如原因可见应加以验证；如原因不可见，则考虑潜在的原因并核实	问： • 这个问题为什么发生？ • 问题的直接原因？ • 如果不能，什么是潜在的原因？ • 怎么核实最可能的潜在原因？ • 怎么确认直接原因

（3）改善与预防。具体步骤如表5-8所示。

表5-8　5WHY——改善与预防

步骤	说明	问题
步骤7：使用5WHY	使用5WHY调查方法，来建立一个通向根本原因的"原因-结果"关系链	问： • 如处理直接原因会防止再发生吗？ • 如果不能，能发现下一级原因吗？ • 怎样才能核实和确认下一级原因呢？ • 处理这一级原因会防止再发生吗？ • 如果不能，继续问"为什么"直至找到根本原因
步骤8：采取明确的措施来处理问题	使用临时措施去处理异常现象直到根本原因能够被处理掉	问： • 临时措施会遏制问题，直到永久解决措施被实施吗
	实施纠正措施来处理根本原因以防止再发生	问： • 纠正措施会防止问题发生吗
	跟踪并核实结果	问： • 解决方案有效吗？ • 如何确认解决方案

5.2.5　注意事项

要想通过5WHY分析法寻根究底，找到满意答案，还需要注意以下事项。

（1）使用 5WHY 分析法，并不是一次就可以确保解决问题，对分析结果准确性的判断也至为重要。

（2）对于经过 5WHY 分析法得出的结果，不论团体还是个人都应找到对策，并将其标准化。

（3）使用 5WHY 分析法，最终要建立一个通向根本原因的"原因-结果"关系链。

5.3 直 方 图

5.3.1 图例

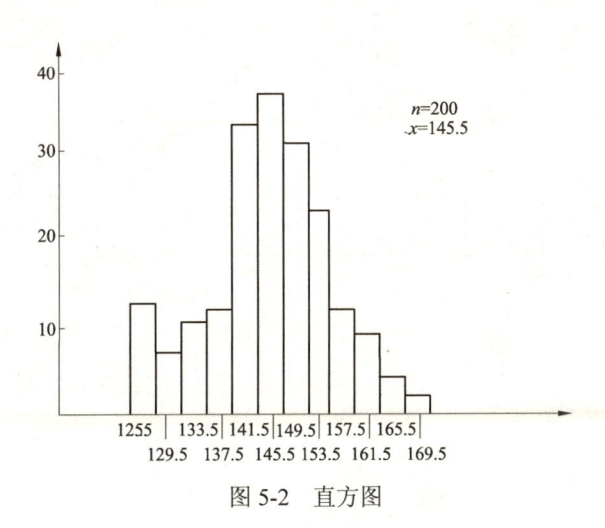

图 5-2 直方图

5.3.2 用途

直方图又称质量分布图、柱状图,它是表示资料变化情况的一种主要工具。用直方图可以解析出资料的规则性,比较直观地看出产品质量特性的分布状态。对于资料分布状况一目了然,便于判断其总体质量的分布情况。

直方图的绘制对 7S 项目的推行,具有以下作用。

(1) 能够比较直观地显示出质量波动状态,为 7S 项目推行过程中对质量的控制提供依据。

(2) 较直观地传递有关过程质量状况的信息。

(3) 通过研究质量波动状况后,能掌握过程的状况,从而确定应该在什么地方集中力量进行质量改进工作。

5.3.3 适用事项

《精益 7S 现场管理自检手册》中"11.1 7S 问题管理标准"。

5.3.4 使用说明

分析质量问题的直方图主要有 6 种，如图 5-3 所示。

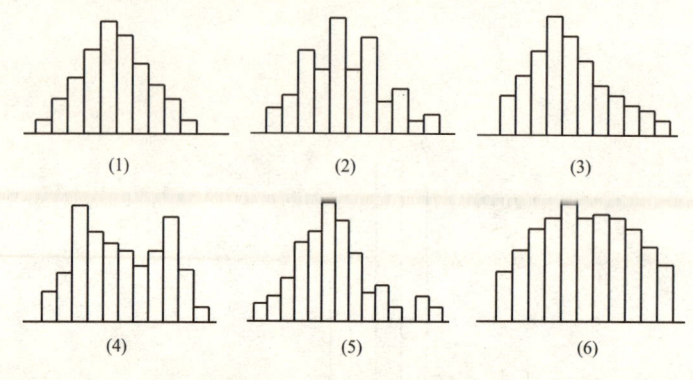

图 5-3 直方图常见类型

（1）正常型。中间高，两边低且较对称，此状态说明生产情况稳定，产品质量正常。

（2）锯齿型。整个图参差不齐，质量问题主要由测量不准确或分组不适造成。

（3）偏向型。最高值偏向一侧，不良品的产生大多因为不良的生产习惯引起。

（4）双岛型。出现两个隔离的峰值，多由于统计时将两个生产单元生产的产品混在一起统计造成。

（5）离岛型。主体旁出现小的直方图，可能因为生产中不稳定造成。

（6）高原型。整体值偏高，说明生产中有一种因素进行全面但缓慢。

在实际应用中，直方图的使用主要有以下步骤。

（1）处理数据。

➢ 首先收集了质量管理的基础数据，并进行了统计。如表 5-9 所示。

表 5-9 数 据 统 计

132	166	145	148	155	144	150	126	127	144
137	133	147	157	156	150	152	147	137	143
145	134	142	167	157	139	153	148	152	142
142	144	143	152	153	126	154	147	170	141
137	147	144	142	150	127	160	140	126	147

续表

162	137	153	127	136	157	136	132	147	151
150	162	150	145	152	167	142	142	148	152
136	160	149	146	163	160	147	140	150	153
152	158	148	147	164	159	156	141	151	150
151	152	147	142	150	162	142	143	152	149
...	...	...	...	...	...	...	...	...	...
...	...	124	...	...	...	...	...	...	...
...	...	...	...	...	...	...	...	170	...

- 从全体数据中找出最大值与最小值。如表 5-9 中，最大值=170，最小值=124。
- 求出全距(最大值与最小值之差)。全距=170-124=46。
- 组数的确定，一般以 10 个左右为佳。也可参照表 5-10。

表 5-10 组数确定表

样本数量	推荐组数
50～100	6～10
101～250	7～12
250 以上	10～20

- 确定组距。如组距=全距÷组数=46÷12=3.83，取组距为 4。
- 计算各组的上下组界。最小一组的下组界=最小值-测定值之最小位数÷2=(124-1)÷2=123.5；最小一组的上组界=下组界+组距=123.5+4=127.5，依此类推。
- 作出次数分配表。如表 5-11 所示。

表 5-11 次数分配表

组号	组界	组中点	发生次数
1	123.5～127.5	125.5	10
2	127.5～131.5	129.5	7
3	131.5～135.5	133.5	11
4	135.5～139.5	137.5	17
5	139.5～143.5	141.5	34

续表

组号	组界	组中点	发生次数
6	143.5～147.5	145.5	37
7	147.5～151.5	149.5	32
8	151.5～155.5	153.5	23
9	155.5～159.5	157.5	13
10	159.5～163.5	161.5	10
11	163.5～167.5	165.5	4
12	167.5～171.5	169.5	2
合计			200

（2）绘制直方图，根据表5-11中数据绘制直方图。如图5-2所示，其中n表示次数，x表示发生频率最高点。

（3）直方图分析，根据前面提到的六种图示，我们可以判断质量情况基本正常，问题在于直方图左侧的最小组数值偏高，可能由于突发事件造成，比如作业者的失误、生产的突然停止等。

（4）实施改善，根据前面分析出的问题到生产现场进行问题的具体研究和发掘，找到导致问题发生的根本原因后予以改善，以保证产品质量的稳定。

5.3.5 注意事项

使用直方图进行数据分析，以降低产品缺陷率时，还需注意以下事项。

（1）抽取的样本数量过少，将会产生较大误差，可信度低，也就失去了统计的意义。因此，样本数不应少于50个。

（2）组数选用不当，偏大或偏小，都会造成对分布状态的判断有误。

（3）直方图一般适用于计量值数据，但在某些情况下也适用于计数值数据，这要视绘制直方图的目的而定。

5.4 因 果 图

5.4.1 图例

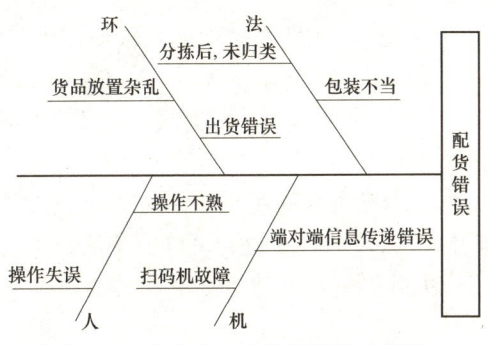

图 5-4 某企业出货错误因果分析图

5.4.2 用途

因果图又称鱼骨图,是日本管理大师石川馨先生发明的,故又名石川图。鱼骨图是一种发现问题"根本原因"的方法,其特点是简捷实用,深入直观。它看上去有些像鱼骨,问题或缺陷(即后果)标在"鱼头"处。在鱼骨上长出鱼刺,上面按出现机会多寡列出产生问题的可能原因,有助于说明各个原因之间如何相互影响。因果图将产生问题的所有原因按层级列举出来,然后再使用统计工具,统计这些原因导致问题发生的频率,最终依据出现频率的高低确定主要原因。

在 7S 项目推行过程中,使用鱼骨图具有以下作用。

(1) 确定 7S 改善的目标。
(2) 确认改善效果。
(3) 用于发现重要问题。
(4) 用于整理报表或记录。
(5) 作为不同条件下的评价依据。

5.4.3 适用事项

《精益 7S 现场管理自检手册》中 "11.1　7S 问题管理标准"。

5.4.4　使用说明

因果图的绘制要能够显示出各个层级原因的逻辑关系，而且要将根本原因找出来，在分析因果图时有以下几个步骤。

（1）明确质量问题，首先我们要明确具体的质量问题，将问题标注于因果图右侧的方框内（即鱼头处），我们要做的就是根据发生的问题去逐步探索原因。

（2）标明主要原因，找出导致问题产生的主要原因，尽可能多地找出问题，并与主干线呈一定的角度画出分支线。

（3）原因分析，在已经确定出的主要原因的基础上寻求更进一步的、细小的原因，依此类推，层层深入，直到找到可以解决的根本问题。

（4）采取对策，根据找到的根本原因采取相关措施改善现状，杜绝此类问题发生。

在因果图中可能出现的导致质量问题的原因有很多种，我们总结了以下几点：设备运行状况、人员操作的影响、生产制度的制约、材料对质量的影响等。

因果图的绘制方法如下。

（1）把要解决的问题写在鱼头位置，并画出主骨。

（2）与主骨呈60°角画出大骨，填写最主要的因素，并用中性词阐述（避免直接说好或坏）。

（3）与主骨平行，在大骨上画出中骨，并填写中等原因。

（4）在中骨上画出小骨，填写小原因或解决办法。

（5）中骨、小骨这两者与大骨之间的原因是原因与结果，局部与整体，手段与目的的关系。

5.4.5　注意事项

使用因果图来全面分问题源，制订最佳改善方案时，还需要注意以下事项。

（1）质量问题提出要具体，切忌笼统；问题要有针对性，且易于量化分析。

（2）一个问题一个因果图，不可将问题混淆处理。

（3）寻找原因时要集思广益，发扬民主，通过整理各种意见来找到根本原因。

（4）分析原因时要紧扣问题，保持针对性。

（5）我们的目的不是为了找到问题，而是为了解决问题。

（6）实施改善之后，要进行效果的验证。

5.5 防 错 法

5.5.1 图例

表 5-12 防错原理的运用

序号	原理	说明	举例	正确	会发生的错误	防错措施
1	断根原理	将会造成错误的原因从根本上排除掉,杜绝错误	在右手桥上安装汽车刹车钢丝夹	正确的安装方法应向左	操作中,可能会发生向右安装的错误	桥体右侧加装阻拦装置,防止向右安装
2	自动原理	以各种光学、电学、力学、机构学、化学等原理来限制某些动作的执行或不执行,以避免错误之发生	焊机运动次数控制	上下踩踏开关六次,完成一个作业单元,即完成六个焊点	员工会踩踏开关多于或少于六次,导致焊点过多或过少	加上限制开关,焊头上、下运动六次,闪光灯亮一下,表示六个焊点全部完成
3	保险原理	借用两个以上的动作必需共同或依序执行才能完成工作	使用热压机压蓄电池盒主体	把蓄电池盒主体放入液压机,然后,抽出左手,用右手按下按钮	经常发生作业员一边将蓄电池盒主体放入液压机,然后直接用右手按下按钮的情况。十分危险	热压机设置两个按钮,只有同时按下,热压机才会工作,杜绝了手被伤到的可能性

续表

序号	原理	说明	举例	正确	会发生的错误	防错措施
4	相符原理	即用检核是否相符合的动作,来防止错误的发生	螺丝紧固	设备运行前螺丝需要紧固,防止松动	员工出于某些原因,会忘记或无法察觉出螺丝松动,使得松入文件动的螺丝没有立即被禁锢	螺丝拧紧后,在螺钉与螺母上画上对齐标记,螺丝松动可一眼看出错位
5	顺位原理	避免工作顺序或流程前后倒置,可依编号顺序排列,可以减少或避免错误的发生	文件的放置	文件分类,有序放置,保持固有顺序	归还文件时,由于忘记或粗心,随意将文件放入文件架。使得后来的人花费一番功夫才能找到	文件盒外侧画一条斜线,归还时依斜线插入,就不会弄错位置
6	隔离原理	用分隔不同区域的方式来达到保护某物目的,防止危险或错误的现象发生	材料检验	已检合格材料、待检材料、不合格材料分类放置	由于作业台只是用线条区分检验的材料,作业员操作失误,例如手抖一下会使材料完全混在一起,不得不再次检验	已检合格材料(左)、待检材料(右)、不合格材料(中)分别使用器皿存放。且不合格材料器皿又分为几个格子
7	警告原理	不正常现象发生时,以声光或其他方式显示出各种"警告"的信号	制鞋冷冻机冷冻	鞋在高温黏合后,通过冷冻机冷冻定型	达不到冷冻效果不能自动停机,影响品质	安装自动警报装置,冷冻温度不达标时,警报器报警,员工按下冷冻机制动按钮

续表

序号	原理	说明	举例	正确	会发生的错误	防错措施
8	层别原理	为避免将不同工作做错，而设法将其区别出来	压力管道颜色管理	管道管理者依据巡见表对压力管道进行维修、点检	由于失误或其他影响，使得管道人员对压力管道识别错误，导致维修、改造时发生危险	赋予压力管理不同的颜色，例如蒸汽管道用黄色；冷凝水管道用绿色

5.2.2 用途

在生产过程中，操作人员不时会因疏漏或遗忘而发生作业失误，由此导致的质量缺陷在质量问题中所占的比例很大。如果能够有效防止此类失误的发生，则质量水平和作业效率都会得到大幅提高。防错法的核心思想就是通过对过程进行设计，使得失误不会发生或者及早地被检测出来并得到纠正。

在7S项目推行过程中，使用防错法具有以下作用。

（1）防止员工在7S项目推行过程中，因疏漏或遗忘而发生作业失误。

（2）削减返工次数，消除由于返工所致的时间和资源浪费。

（3）提高质量水平，减少因检查而造成的浪费。

5.5.3 适用事项

《精益7S现场管理自检手册》中"11.2　7S改善提案管理标准"。

5.5.4 使用说明

防错法的实施，一般按以下步骤进行。

（1）明确需要防错的对象。

（2）明确需要防错的对象所应该具有的功能。

（3）掌握该功能的现状。

（4）掌握该功能的现状及问题点。

（5）针对该功能的问题点，提出有效的防错措施。

（6）防错措施的设计、开发、试运作与修改。

（7）将防错措施予以标准化。

在实施防错措施时，可以采用以下方法。
(1) 发现不合格品，同时将产生不合格的原因找出来。
(2) 列出所有可能发生的错误。
(3) 确认发生可能性最大的那个错误。
(4) 针对该错误，提出多种解决方案。
(5) 预测每一种解决方案的实施效果。
(6) 选择其中最好的解决方案。
(7) 制订一份详细的执行计划。
(8) 汇总防错的结果，分析防错实施带来的潜在效益。
(9) 更新防错执行后的相关资料。

5.5.5 注意事项

使用防错法能够降低失误发生率，提高工作效率，减少资源浪费。在使用防错法的过程中，还需要注意以下事项。
(1) 使用防错法最重要的是大量使用传感器代替人为控制。
(2) 在防错装置设计完成后，还应对防错装置本身进行功能准确率的验证。只有通过PPAP（生产件批准程序）方式的验证，方可将该防错装置正式投入使用。

5.6 头脑风暴法

5.6.1 图例

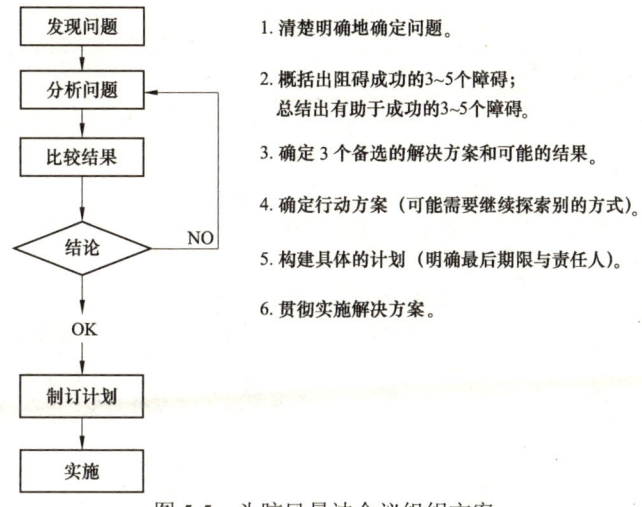

```
发现问题
   ↓
分析问题 ←─┐
   ↓      │
比较结果   │
   ↓      │
 结论 ──NO┘
   ↓ OK
制订计划
   ↓
 实施
```

1. 清楚明确地确定问题。
2. 概括出阻碍成功的3~5个障碍；
   总结出有助于成功的3~5个障碍。
3. 确定3个备选的解决方案和可能的结果。
4. 确定行动方案（可能需要继续探索别的方式）。
5. 构建具体的计划（明确最后期限与责任人）。
6. 贯彻实施解决方案。

图 5-5 头脑风暴法会议组织方案

5.6.2 用途

头脑风暴法又称脑力激荡法、自由思考法，是一种激发性思维的方法。通过有组织的、无限制的自由联想和讨论，产生新的观点或激发新的设想。

在 7S 项目推行过程中，使用头脑风暴法具有以下作用。

（1）迅速发现造成某一现象的潜在问题。

（2）就形成问题的潜在原因达成一致。

（3）快速提供可能的解决办法并发现潜在的改进机会。

5.6.3 适用事项

《精益 7S 现场管理自检手册》中 "11.2　7S 改善提案管理标准"。

5.6.4 使用说明

头脑风暴法有两种形式，一种是直接头脑风暴法，一种是质疑头脑风暴法。

- 直接头脑风暴法。直接头脑风暴法在专家群体决策基础上尽力激发创造性,产生尽量多的想法和建议。
- 质疑头脑风暴法。质疑头脑风暴法是对我们所提出的设想以及方案逐一进行质疑,并逐渐发现其现实可行性。

使用头脑风暴法的会议流程如表 5-13 所示。

表 5-13 头脑风暴会议步骤流程

步骤	流程	说明
1	确定议题	在会议前需要确定会议的目标,即通过该次会议需要解决什么问题?具体的议题往往能使参与者产生较快的设想,提高会议的质量
2	会前准备	必须在会前使参与者对会议有所了解,这样才能迅速进行讨论,这些准备工作包括: (1) 收集一些资料让参与者预先参考。 (2) 使参与者了解与议题有关的外界动态及背景材料
3	确定人选	人数设置一般以 8~12 人为最佳,过少不利于信息的交流,不利于思维的激发;过多则因每人发言机会少,影响气氛,降低会议质量
4	明确分工	(1) 要分配一名主持人,负责会前主体重申、通报会议进程、归纳发言核心以及活跃会议现场等。 (2) 要分配 1~2 名记录员,将会议重点记录下来
5	规定纪律	对于头脑风暴的会议纪律需要有所规定,如: (1) 要集中注意力,不要消极旁观。 (2) 不要私下讨论,以免影响旁人思考。 (3) 要开门见山,发言具有针对性,不要过分客套。 (4) 与会者之间应该相互尊重,平等对待
6	把握时间	时间由主持人规定,以 30~45 分钟最佳。太长易使参会者产生疲惫心理,降低会议质量;太短则会使参会者不能畅所欲言,无法达到会议所需的效果

5.6.5 注意事项

使用头脑风暴法挖掘 7S 项目推行过程中的潜在问题时,应注意以下事项。

(1) 大胆设想,自由讨论。管理者尽量不要为参与者设置任何限制。

(2) 会后评判,以免破坏氛围。会场的氛围一旦被破坏,参与者就会丧失参与的积极性,会议的质量也会下降。因此,管理者要保证在会后再做总结和评价。

（3）杜绝出现批评语言。管理者应该保证参与者都不得对别人的想法提出批评性见解或意见，因为这往往会抑制创造性思维。

（4）从数量上追求创意。头脑风暴顾名思义就是需要较多数量的想法，所以在会议的过程中，要尽量追求创意和数量，质量倒可暂时放在其次，可以等到会议结束后从众多创意中选出最闪光的创意。

5.7 故障树分析法

5.7.1 图例

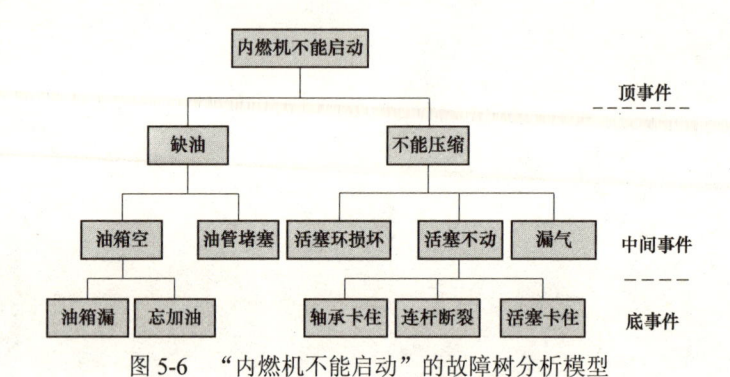

```
                    内燃机不能启动
                   ┌──────┴──────┐
                  缺油          不能压缩
              ┌────┴────┐   ┌────┬────┬────┐
             油箱空  油管堵塞 活塞环损坏 活塞不动 漏气
            ┌──┴──┐            ┌──┴──┐
           油箱漏 忘加油        轴承卡住 连杆断裂 活塞卡住
```

顶事件

中间事件

底事件

图 5-6 "内燃机不能启动"的故障树分析模型

5.7.2 用途

故障树分析常常使用树图来研究系统、过程或者产品的某个特定的实效故障。故障可能已经发生或者是潜在的。从追溯失效开始，辨别出导致故障的情况或者事件的方式，从而找出根本原因。

使用故障树分析法，在 7S 项目推行过程中具有以下作用。

（1）在设计系统、过程、产品或服务的过程中，辨别出潜在的失效原因并且寻找阻止失效发生的方法。

（2）在 7S 项目推行过程中，事故、错误或者其他失效已经发生后，辨别出原因，防止将来的失效发生。

（3）对于复杂的系统，通过故障树能够找出多个内在相关原因。

5.7.3 适用事项

《精益 7S 现场管理自检手册》中 "11.1 7S 问题管理标准"。

5.7.4 使用说明

故障树分析法的实施，应按如下步骤进行。

（1）辨别出将要检查的系统或者过程，常包括限制分析的边界范围。

(2) 辨别出要分析的失效类型，范围尽可能缩小和具体，并称作顶事件。
(3) 识别出导致顶事件的直接原因，并且把它们写在所引起事件的下方。
(4) 对每个事件提问，直至找到根本原因。

事件符号如表 5-14 所示。

表 5-14 事 件 符 号

符号	事件名称	意义
▭	事件	那些能够被分解为更基本原因的事件
◯	基本事件	那些不是其他原因结果的独立事件；根本原因
◇	未充分发展事件	由于没有足够的信息或不重要而导致没有成为原因的事件
◯	条件事件	作为限制条件的事件
△ 或 △—	转换	把不同地方图表的延续连接起来

5.7.5 注意事项

通过故障树分析法来研究某类问题或故障时，还需要注意以下事项。

(1) 故障树中的每个层级都代表了得出基本原因事件中很小的一步，不要急于采取大的策略，否则可能去掉这个树的重要分枝。

(2) 故障树被使用得越早，将会越经济。

5.8 程序分析法

5.8.1 图例

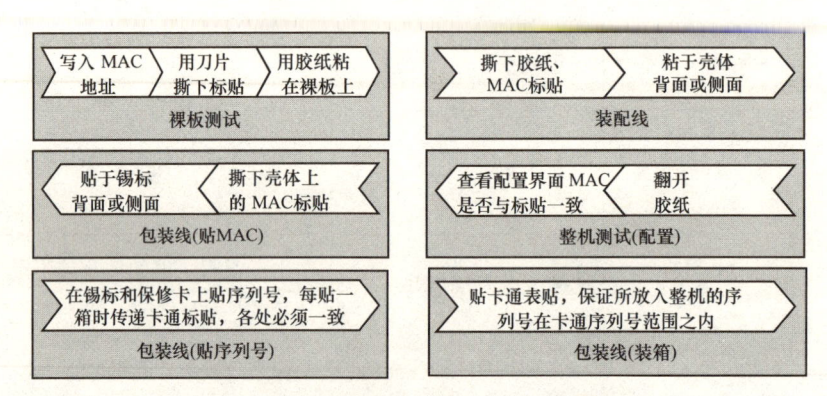

图 5-7 烧写 MAC 地址的流程图（改善前）

图 5-8 烧写 MAC 地址的流程图（改善后）

5.8.2 用途

程序分析法是指从流程的运行顺序入手，通过使用符号和文字，记录工艺过程中的物流及人的工作流程。

在 7S 项目推行过程中，使用程序分析法具有以下作用。

（1）通过 7S 工作流程描述和现状，掌握 7S 工作流程的整体工序状态。

（2）通过分析，找出目前 7S 工作流程中存在的问题点。

（3）结合分析结果，研究相应对策，使 7S 工作流程运作更加完善。

5.8.3 适用事项

《精益 7S 现场管理自检手册》中"11.1　7S 问题管理标准"。

5.8.4 使用说明

程序分析法主要是对流程现状进行分析,然后根据分析结果来拟定改善方案。在具体操作时,可参照以下步骤,如表 5-15 所示。

表 5-15 程序分析法的实施步骤

步骤	操作内容
确定对象	选择需要进行分析的工作对象
描述现状	按照图表形式,对生产流程的现状进行全面、详细的描述
分析问题	采用 5W1H 技术,对流程现状信息进行逐项提问;根据 ECRS 四大原则,对相关程序进行处理
拟定决策方案	根据实用、经济、合理的原则,研究问题对策,找到解决问题的方法
实施行动	将拟定的决策方案应用到实际的生产操作中

程序分析主要是对涉及工序作业中的操作、搬运、检验、储存、等待等 5 方面的操作活动,在现场中进行深入、及时、仔细的勘察。对程序进行具体分析时,可选择以下角度来进行,如表 5-16 所示。

表 5-16 程序分析的角度

分析角度	具体分析内容
操作	有没有可以取消的加工活动;是否能通过改变生产设计和加工工艺,使加工活动得到简化;是否能通过作业条件和布置的改变,使作业更为简易、运作时间得以缩短等
检验	有没有可取消的检验,是否能使检验和操作结合起来,检验工具是否合适,是否能进一步改进,确认检验方法是否能更简便等
搬运	设置的搬运环节是否必要,物料搬运路线是否最短,物料搬运的器具及运输工具是否适用、足够用等
储存	有没有可能取消储存,储存的数量是否降至最低,储存时间是否过长,是否能压缩储存时间等
等待	是否能避免不必要的等待,是否能通过改善组织管理来减少等待时间和次数等

由于程序分析的内容不同,所使用的流程图也有所不同。程序分析人员需要先确定分析内容,然后再选择合适的流程图。一般情况下,程序分析内容以及对应的流程图形式可分为以下几种。

(1)生产流程活动次序分析,可采用生产流程图。

(2)加工工艺路线分析,可采用工艺流程图。

(3)闲置资源分析,可采用人机程序分析图、联合程序图。

(4) 车间设备布置与路线分析,可采用线路图。

(5) 操作员两手的移动分析,可采用操作者程序图。

5.8.5 注意事项

在使用程序分析法,来改善作业程序时,应注意以下事项。

(1) 程序分析的目的是找出目前生产流程中存在的问题点。

(2) 进行程序分析时,应与 5W1H 提问法和 ECRS 优化法结合起来。

5.9 决策树

5.9.1 图例

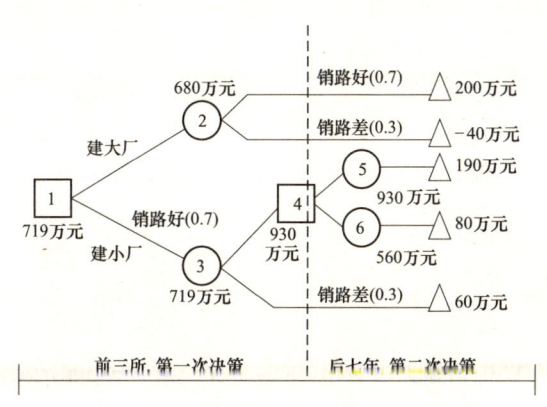

图 5-9 某企业关于是否扩建的决策树图

5.9.2 用途

决策树又名决策过程流程图、逻辑图，是通过一系列的问题得出正确的决策或问题的解决方案。决策树是一种特殊的树图，但通常看起来更像是流程图。一般来说，决策树是由那些对可能重复发生的情况具有专业知识的人进行绘制的。

在 7S 项目推行过程中，绘制决策树能够发挥以下作用。

（1）能够帮助企业在 7S 项目推行过程中迅速作出决策。

（2）能够帮助企业管理者理清决策的思维过程，并且将其分解成一系列的问题。

5.9.3 适用事项

《精益 7S 现场管理自检手册》中"11.1　7S 问题管理标准"。

5.9.4 使用说明

决策树的绘制，应遵循以下步骤进行。

（1）明确使用决策树的场合，并陈述需要做出的决定或需要解决的问题，然后写下来，放在水平工作台的最左边。

（2）用头脑风暴法找出解决问题的答案。对每个问题而言，找出问题的所有答案。

（3）若有提问顺序的话，确定问题的提问顺序。

（4）检查决策树是否有遗漏的问题或答案，并且要确保问题能够被清楚地理解或回答。

（5）测试决策树。设想反映一系列不同状况的情景，运用决策树来解决。遇到问题时，再进行修改。

（6）给没有专业知识的人设置一些情景，使他们也能够使用决策树作出决策。

5.9.5 注意事项

为了实现在 7S 项目推行过程中迅速做出决策，进行决策树分析时，还需注意以下事项。

（1）进行决策树分析前，必须要确定问题的优先等级；分析时，优先处理优先等级较高的问题。

（2）如果问题没有自然顺序，选择一个在大多数情况下能够迅速得出结论的顺序，使常见的问题排序优先于非常见问题。

（3）对于由一系列"是与非"组成的决策树，应使分枝中"是与非"的位置保持一致，避免出现差错。

5.10 质量屋

5.10.1 图例

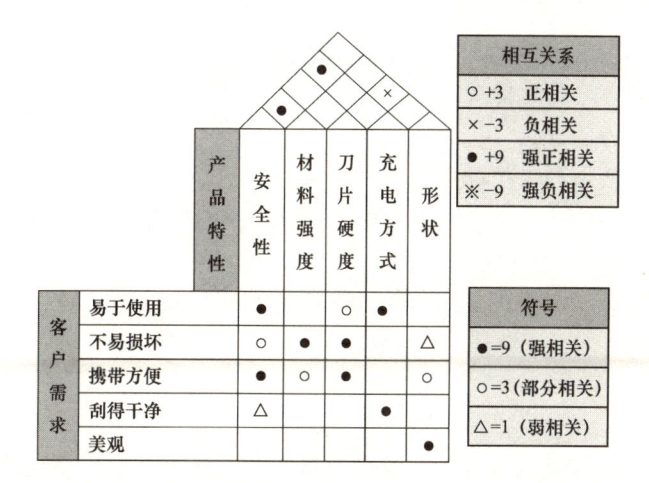

图 5-10 客户需求与产品特性之间关系的质量屋

5.10.2 用途

"质量屋"是质量功能配置（QFD）的核心。质量屋是一种确定顾客需求和相应产品或服务性能之间联系的图示方法。

质量屋在 7S 项目推行过程中具有以下作用。

（1）使用质量屋能够明确分析内外部顾客的需求。

（2）使用质量屋能够将顾客需求转化为组织可理解的语言，确保信息共享的一致性。

（3）能够合理权衡顾客需求之间的冲突性。

5.10.3 适用事项

《精益 7S 现场管理自检手册》中"11.1　7S 问题管理标准"。

5.10.4 使用说明

使用质量屋应遵循以下步骤。
（1）成立一个跨职能小组，小组成员必须熟悉顾客和产品。
（2）把顾客的需求写在屋的左墙上作为行标，尽可能使用顾客自己的语言，如图5-10所示。
（3）在顾客需求右侧加一列来表示重要性。
（4）质量屋的左侧记录的是顾客对该公司及其竞争对手现有的、具有可比性的产品或服务的评价。
（5）在顶楼上写下产品或服务作为列标。
（6）在屋的房间里用顾客需求和产品或服务的特性形成的矩阵来标示它们之间的关系。
（7）在屋顶表示产品或服务的特性之间的相互关系。

5.10.5 注意事项

为了明确分析顾客需求，在绘制质量屋时，还需注意以下事项。
（1）质量屋的构造是个复杂的过程，必须具备实际经验。
（2）在挑选小组成员时，应尽量考虑到小组成员的知识和技能。

5.11　8D 工作法

5.11.1　图例

表 5-17　质量缺陷的 8D 工作法改善示例

阶段	事项	说明	
D1	成立工作组	不合格发生时，组建一个小组。小组成员应具备充足的时间、权限、解决问题的能力和相关技术素质	
D2	问题描述	界定问题	（1）问题出现的时间、发现问题的时间、问题持续的时间等。 （2）问题发生的地理位置和故障的部位。 （3）问题发生的数量或频率。 （4）现场技术人员及售后服务工程师的观点
		问题严重性	（1）顾客意见、态度对销售量的影响。 （2）对产品性能、可靠性、安全性、舒适性的影响。 （3）现场拆换、维护造成的直接经济损失。 （4）与同类产品的差距
D3	制订临时对策	采取相应的措施，接到质量问题信息单后，立即对产品进行隔离，将所有库存产品空运回厂进行复查、筛选	
		采取临时性措施。采取临时性措施的目的在于最大限度减少顾客损失	
D4	界定根本原因	寻找所有潜在原因。通过直方图找出第一要优先解决的问题	
		确定根本原因。对每一个潜在原因，通过试验、测量、检查、分析等手段，采用判别矩阵寻找并验证根本原因	
D5	实施纠正措施	定量确定所选择的纠正措施，确保解决顾客的问题，并且不会发生副作用。但要对每一个措施的有效性进行验证，必要时还应对纠正措施的风险性进行评价，制订出对应的应急计划	
D6	核实纠正措施	为保证不合格原因的消除，设立外场故障率跟踪期限，以验证其有效性	
D7	预防问题再发	修改管理系统、操作系统、工作惯例及程序，以防止这一问题和所有类似问题再发生	
D8	总结嘉奖	通过座谈会等形式由组长对小组的集体努力和工作成果给予肯定，必要时进行表彰，以鼓励小组做出新的贡献	

5.11.2 用途

8D 工作改善法是一种以团队的方式解决问题的方法,它通过有效利用团队员工的智慧,找出问题并从源头上解决问题,完美地诠释了"团结就是力量"的意义。

8D 工作改善法在 7S 项目推行过程中,具有以下作用。

(1) 解决工作中各类简单或复杂的问题。
(2) 通过团队方式,实现解决问题的目标。
(3) 解决过程能力指数低于其应有值时的有关问题。
(4) 解决工作中的重大不良现象。

5.11.3 适用事项

《精益 7S 现场管理自检手册》中 "11.2 7S 改善提案管理标准"。

5.11.4 使用说明

8D 工作方法在具体实施的过程中主要分为 D1—D8 八个阶段,具体如表 5-18 所示。

表 5-18 8D 工作法实施过程

阶段	事项	说明
D1	成立工作组	成立跨部门工作小组,小组成员一般应该至少来自四个基本部门,如表 5-19 所示
D2	问题描述	可采用 5W1H 方式,保证问题能够全面、具体、客观地被描述
D3	制订临时对策	临时性对策要求达到防止问题进一步恶化的目的
D4	界定根本原因	可采用鱼骨图来锁定问题的根本原因
D5	实施纠正措施	此阶段是要确认纠正措施是否发挥了应有的作用
D6	核实纠正措施	核实同 D5 一样,也是反复多次的过程
D7	预防问题再发	预防问题再发是通过重新规范作业方法以及设置防呆装置来实现的
D8	总结嘉奖	在 8D 工作结束后,应制订 8D 改善报告,以巩固成果,同时也便于以后思考,如表 5-20 所示

表 5-19 四个基本部门的职责内容

基本部门	职责内容
销售	了解顾客需求的侧重点
生产	了解问题是否出在制造过程中
工程设计	从设计的技术角度避免质量问题的发生
检验	做好检测工作,杜绝不良品出厂

表 5-20 8D 改善报告样本

主题		开启日期		更新日期	
产品(或工艺)名称			部门		
应急反应活动				有效率	实施日期
小组姓名		小组部门		小组电话	
问题描述					
临时的纠正措施				有效率	实施日期
根本原因				有效率	实施日期
受表彰的小组和个人				报告人	时间

5.11.5 注意事项

使用 8D 工作方法来解决问题并且巩固成果时,应注意以下事项。

(1)在挑选小组成员时,应尽量考虑到小组成员的知识、技能,并且最少要包括四个基本部门。

(2)实施过程中,对于纠正措施也应该不断地进行核实。

(3)应及时巩固工作成果。

5.12 流程再造

5.12.1 图例

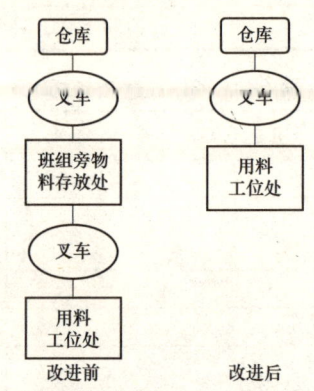

```
改进前                改进后
仓库                   仓库
 ↓                      ↓
叉车                   叉车
 ↓                      ↓
班组旁物料存放处      用料工位处
 ↓
叉车
 ↓
用料工位处
```

注：流程再造后，物料从仓库直接搬运到用料工位上，省去了将物料先搬运至班组的环节。

图 5-11　班组工位上料流程再造前后对比图

5.12.2 用途

流程再造的核心是面向顾客满意度的业务流程，核心思想是打破企业按职能设置部门的管理方式，代之以业务流程为中心，重新设计企业管理过程。

在 7S 项目推行过程中，通过科学的流程再造，可以实现以下目标。
（1）对通过改进仍无法解决的流程问题，从根本上予以彻底解决。
（2）从整体上确认企业的整体流程，实现流程全局的最优化。
（3）使业务流程在成本、质量、服务和速度等指标上显著提高。

5.12.3 适用事项

《精益 7S 现场管理自检手册》中"11.2　7S 改善提案管理标准"。

5.12.4 使用说明

进行流程再造可采用以下四种方式：一是根本性的重新思考；二是彻底推

翻现有流程，重新建立新的流程；三是根据流程目标，对现有流程进行整体上的再设计；四是根据流程目标，在现有流程上的某些阶段中巧妙地进行修补性改善。一般情况下，我们使用的是第三和第四种方式。

流程再造不可率性而为，否则可能再次遭遇流程运作不畅的问题。因此，企业在实施流程再造时要遵循一些基本原则，以确保再造后的流程满足预期要求。

（1）整合工作流程时，要循序渐进。
（2）让员工决定，提倡全员参与流程的改善。
（3）进行同步工程，保证流程之间信息交流与反馈。
（4）流程形式多样化，流程的重新设计不能拘泥于单一的内容。
（5）跨部门协作，流程本身就强调跨部门作业，重新设计流程时，注意从多个部门的角度进行考量。

企业流程再造分为七个阶段，如图 5-12 所示。在每个阶段，企业流程人员还需要进一步细分操作，具体如下。

设定基本方向 → 流程现状分析 → 确定流程再造方案 → 制订问题解决方案 → 制订详细再造计划 → 实践再造流程方案 → 继续改善操作

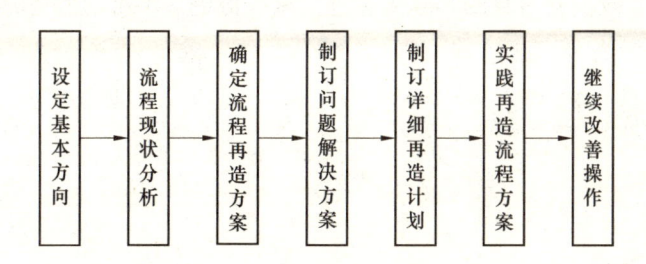

图 5-12　流程再造的 7 阶段操作模式

（1）第一阶段，设定基本方向。这一阶段可分为五个子步骤：明确企业战略目标，将目标分解；成立再造流程的组织机构；设定改造流程的出发点；确定流程再造的基本方针；给出流程再造的可行性分析。

（2）第二阶段，流程现状分析。这一阶段可分为五个子步骤：分析企业外部环境；客户满意度调查；分析现行流程状态；设定改造的基本设想与目标；明确改造成功的判别标准。

（3）第三阶段，确定流程再造方案。这一阶段可分为六个子步骤：设计新流程；编制流程设计方案；确定改造的基本路径；设定先后工作顺序和重点；宣传"流程再造"；配备适宜的流程再造人员。

（4）第四阶段，制订问题解决方案。这一阶段可分为三个子步骤：挑选出近期应该解决的问题；制订解决此问题的计划；成立一个新小组来负责实施。

（5）第五阶段，制订详细再造计划。这一阶段可分为五个子步骤：确认工作计划目标、时间等；编制预算计划；分解责任、任务；制订监督与考核办法；制订具体的行动策略与计划。

（6）第六阶段，实施再造流程方案。这一阶段可分为五个子步骤：成立流程再造的实施小组；对小组成员进行培训；发动全员配合；新流程试验性启动、检验；全面开展新流程。

（7）第七阶段，继续改善的行为。这一阶段可分为三个子步骤：观察流程运作状态；与预定改造目标进行比较分析；对不足之处加以完善。

5.12.5　注意事项

要想通过流程再造来重新设计企业的经营方针，还需要注意以下事项。

（1）进行流程再造前，需要明确方向，避免盲目地再造。

（2）企业应根据自身的实际情况进行流程再造，不可随波逐流。

5.13 并行工程

5.13.1 图例

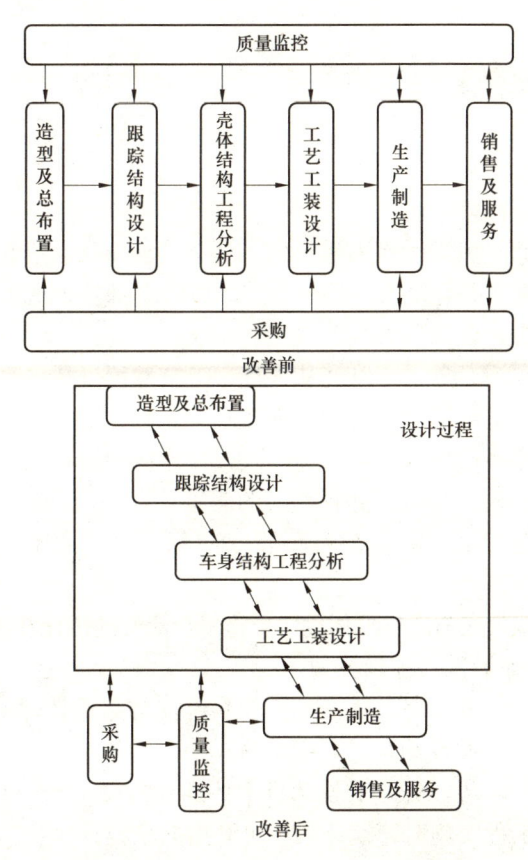

图 5-13 汽车壳体生产制造流程图

5.13.2 用途

并行工程（Concurrent Engineering），又称同步工程，是对整个产品开发过程实施同步、一体化设计，促使流程开发者始终考虑整个产品生命周期内的所有因素的一种系统方法。目前，大多流程操作都改变了串行的流程实施方式，而采取跨部门操作的形式，尽可能进行同步交叉作业。

在 7S 项目推行过程中，使用并行工程可以产生以下效果。

（1）协调各工序的作业时间，实现生产线的平衡。
（2）避免生产过程中的在制品和成品积压、等待浪费等问题，提升流程运作效率。
（3）各工序同步进行，大大缩短了整体流程的运作周期。

5.13.3　适用事项

《精益 7S 现场管理自检手册》中"11.2　7S 改善提案管理标准"。

5.13.4　使用说明

并行工程是针对流程运作而进行的，这种作业方法具有以下特征。
（1）按操作对象并行交叉，将一个产品或者零部件分成若干个部件，使各部件能并行交叉进行设计、开发、制造。
（2）对每个实施对象，可以使其设计、工艺过程设计、生产技术准备、采购、生产等各种活动尽最大可能并行交叉进行。
（3）强调各种活动并行交叉，是在充分细分各种活动的基础上，找出各子活动之间的逻辑关系，将可以并行交叉的尽量并行交叉进行。
（4）提前开始工作。为了减少流程时间，强调在信息不全的情况下就开始工作。
（5）强调系统集成与流程整体优化，追求全流程的优化和流程整体的能力。
图 5-12 的并行工程实施步骤如下。
（1）在壳体项目开始时，生产师、销售师就与总设计师不断地进行交流，及时获取设计思想，并反馈自己对所负责模块的意见。
（2）在适宜的阶段，开始对发动机本体部分的设计。
（3）在结构工程实施时，设计人员可利用共享设计平台，跟踪结构设计的进度，经常建模并不断更新资料，与结构设计同步完成。
（4）车身工艺、工装的设计和结构工程的实施要同步进行。通过试操作等活动，及时反馈工艺、工装设计上存在的问题，这样一来，工艺、工装设计完成之时，工艺问题也得到解决，而相应的技术准备和生产准备也得以同步完成。

5.13.5　注意事项

为了实现多道工序同步进行，缩短作业周期，在使用并行工程时，还需要注意以下事项。

（1）在进行并行工程前，应将产品或者零部件拆分成若干个更小的部件。

（2）各生产工序应根据其生产的相似程度，尽可能大地并行交叉进行。

（3）使用并行工程的目的是追求全流程的优化。

5.14 DAMIC 模型

5.14.1 图例

表 5-21　DAMIC 模型的培训项目操作规划

步骤	阶段	说明	措施
D	界定阶段	确定员工的知识、技能和素质等方面的关键需求，并识别需求改进的培训项目，并将改进的内容界定在合理范围内	问卷调查法、全方位评价法、观察法等
A	测量阶段	通过对现有流程的测量，辨别核心流程和辅助流程，并对测量系统的有效性做出评价	直方图、矩阵数据分析图等
M	分析阶段	通过数据分析，确定培训过程的关键影响因素	鱼骨图等
I	改进阶段	分析优化培训流程并消除或减少关键输入因素影响的方案，使流程的缺陷或变异降低到最小程度	流程再造等
C	控制阶段	使改进后的流程优化，并通过有效的检测手段确保流程改进的成果	标准化、程序化、制度化等

5.14.2 用途

DAMIC 模型是实施六西格玛管理的一套操作方法，它是从质量的角度对流程节点加以管理和控制，力求提供让客户满意的流程质量。

DMAIC 模型代表了五个步骤，即：D（Define，界定）、M（Measure，测量）、A（Analyze，分析）、I（Improve，改进）和 C（Control，控制）。DMAIC 模型的应用是一个循环的过程。DAMIC 模型示意图如图 5-14 所示。

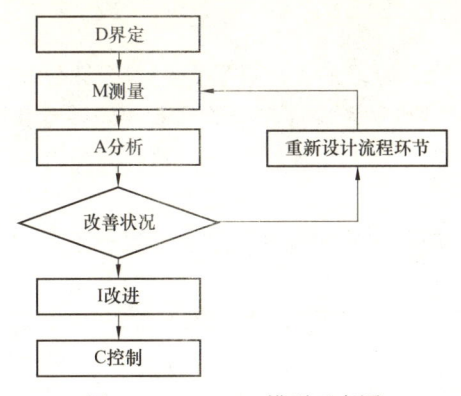

```
D界定
  ↓
M测量 ←──────┐
  ↓          │
A分析    重新设计流程环节
  ↓          │
改善状况 ────┘
  ↓
I改进
  ↓
C控制
```

图 5-14　DAMIC 模型示意图

在 7S 项目推行过程中，DAMIC 模型的使用具有以下作用。
（1）提升流程运作效率，逐步实现六西格玛质量水准。
（2）有效控制和降低流程运作成本。
（3）以客户满意为目标，逐步实现流程客户的完全满意。

5.14.3　适用事项

《精益 7S 现场管理自检手册》中"11.2　7S 改善提案管理标准"。

5.14.4　使用说明

DAMIC 模型中的每个阶段都由一系列方法和工具来支持该阶段实现目标。DAMIC 模型各阶段可以使用的方法如表 5-22 所示。

表 5-22　DAMIC 模型各阶段可使用的方法

阶段	重点	使用方法
D	启动模型检验	流程图、树状图、故障树
A	确定项目基线	分层法、散布图、水平对比法、运行图、故障树
M	识别关键影响因素	因果图、假设检验、回归分析、方差分析
I	改进和检验新流程	实验设计、故障树、过程仿真
C	持续改善	控制计划、SPC 控制图、目标管理、防错法、SOP

DAMIC 模型的使用过程，应遵循以下步骤进行。
（1）界定客户需求。这里的客户是指流程客户，下一节点对于上一节点而言也是客户。
（2）评估当前绩效。在这一阶段应测量公司的流程运作情况是否能够满足客户需求。

（3）原因分析。这一阶段的主要任务是根据统计数据分析问题。通过评估阶段取得的数据，可以找出影响目前绩效的潜在问题及其影响因素。

（4）实施改进措施。找出影响流程输出的关键因素后，即可有针对性地采取改进措施。

（5）控制实施。控制实施的目的在于巩固上一阶段改进获得的理想效果。

5.14.5 注意事项

为了能够提供让客户满意的流程质量，在使用 DMAIC 模型时，还需要注意以下事项。

在界定流程客户需求的时候，要考虑整个流程中的客户需求。

流程改造不可能一蹴而就，而且问题也是层出不穷的。因此，只有多次按照 DMAIC 模型进行流程改进，才能使流程控制始终保持在比较理想的状态，为客户提供满意的流程质量。

5.15 德尔菲法

5.15.1 图例

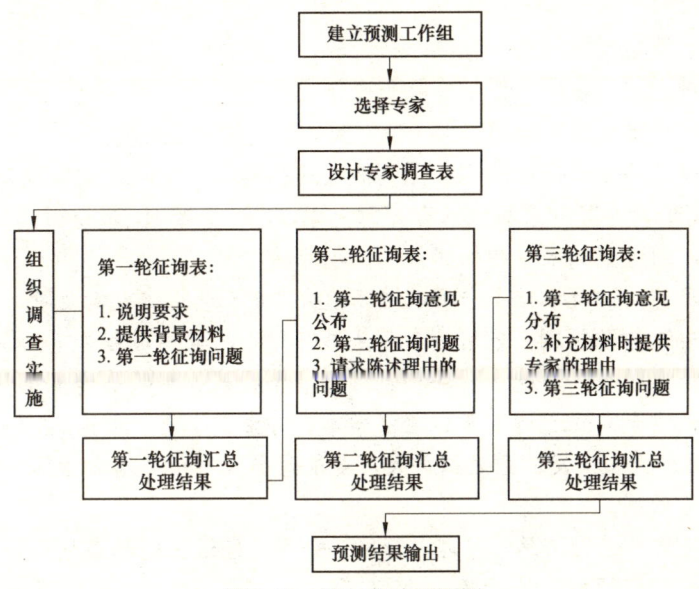

图 5-15 德尔菲法预测图

5.15.2 用途

德尔菲法是根据管理专家的直接经验，对研究问题进行预测，也称为专家调查法。

使用德尔菲法的优缺点都比较鲜明，具体如表 5-23 所示。

表 5-23 德尔菲预测方法的特点

优点	缺点
（1）加快预测速度和节约预测费用。 （2）获得各种不同但有价值的观点和意见。 （3）在资料不足或不可预测因素较多时，适用于长期的流程预测和对新产品开发的预测	（1）对于分地区的客户群或产品的预测结果，可能不太可靠。 （2）责任比较分散。 （3）专家的意见有时可能不完整或不切实际

5.15.3 适用事项

《精益7S现场管理自检手册》中"11.2　7S改善提案管理标准"。

5.15.4 使用说明

德尔菲法是根据流程专家的直接经验，对研究问题进行预测，也称专家调查法。这种方法可以采取以下步骤来操作。

（1）针对要预测的问题，由一组专家在彼此隔离的前提下，分别提出各自的意见，以避免专家提出的观点受到他人的影响，使不同意见得以充分发表。

（2）将每份专家的意见收入专家意见库，并进行处理，最终得出预测结论。下面，通过案例来说明如何使用德尔菲法。

某公路建设公司承接了一项改造高速公路的任务，这就需要对该公路未来若干年的车流量做预测。采用德尔菲法进行预测，具体过程如下。

（1）提出问题：用德尔菲法预测该公路今后第5年的日均车流量。

（2）邀请专家：邀请了3位经济学家、3位项目领导人员、5位业务管理者、3位用户代表，发放意见征询表，要求每个人对该公路今后第5年的日均车流量进行预测。

（3）将意见进行汇总、整理、计算、分析，经过三轮的意见反馈，得到该公路车辆流量的预测统计情况。

（4）根据统计表，采用适当的计算方法得出预测结果。

定义计量单位为"百辆"，统计所有意见后，形成预测统计表，如表5-24所示。

表5-24　公路车流量的预测统计表

专家	第一轮	第二轮	第三轮
经济学家A	140	180	180
经济学家B	100	100	100
经济学家C	50	80	135
项目领导A	120	100	100
项目领导B	140	126	140
项目领导C	88	114	115
业务管理人A	90	90	90
业务管理人B	95	95	100
业务管理人C	100	96	105
业务管理人D	90	90	92

续表

专家	第一轮	第二轮	第三轮
业务管理人 E	95	95	95
用户代表 A	100	102	105
用户代表 B	94	95	95
用户代表 C	110	120	120
合计	1412	1483	1572

方法一：平均数计算。预测车流量结果：1572/14 ≈ 112.29（百辆）= 11 229 辆。

方法二：中位数计算。首先，把14位专家的第三轮预测意见从小到大依次排列，从而得以下数列：90/92/95/95/100/100/100/105/105/115/120/135/140/180。而中位数为第7个数和第8个数的平均数=（100+105）/2=102.5（百辆），即公路车流量预测结果为 10 250 辆。

然后，就可以依照预测车流量结果，来推断项目流程中各环节的用度和实施状况。

5.15.5 注意事项

在 7S 项目推行过程中，使用德尔菲法对所研究的问题进行预测时，还需要注意以下事项。

（1）德尔菲法主要倾向于发挥专家的经验能力，主观能动性较强，可能出现不完整或不切实际的情况。

（2）对于分地区的客户群或产品的预测结果，可能不太可靠。

5.16 API 法

5.16.1 图例

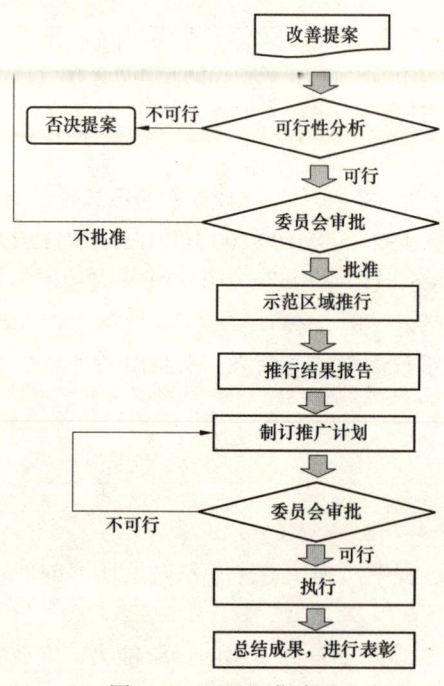

```
           改善提案
              ↓
否决提案 ←不可行— 可行性分析
              ↓可行
        ←不批准— 委员会审批
              ↓批准
           示范区域推行
              ↓
           推行结果报告
              ↓
           制订推广计划
              ↓
        ←不可行— 委员会审批
              ↓可行
              执行
              ↓
         总结成果，进行表彰
```

图 5-16 API 运作流程

5.16.2 用途

　　API 为自主生产革新（Autonomous Productive Innovation）的简称。API 通过整个企业由高到低各层级人员的参与实现整个系统的改善。API 的运行首先要求有一个由高层管理的项目团队对项目运行过程进行指导，并解决问题。在运作过程中，则以具体的项目为单元，通过对项目的持续跟踪，来实现改善效果。

　　API 的一个显著特点是全员参与，针对改善项目首先要从上至下确立目标，之后要从下而上逐层提交改进意见。这样就能综合最广泛的意见以总结出最优的改进方案。企业设立 API 组织就是要通过各种改善活动发掘现有问题，普及改善意识。

API 活动的开展可以培养员工积极改善的能力，API 活动对于 7S 项目的推行具有以下几点作用。
（1）有助于培养员工在 7S 项目推行过程中的问题意识。
（2）改善员工处理和解决问题的能力。
（3）有利于构建积极进取的企业文化。
（4）改善生产现场，提升生产效率。
（5）增强企业的凝聚力。

5.16.3　适用事项

《精益 7S 现场管理自检手册》中"11.2　7S 改善提案管理标准"。

5.16.4　使用说明

API 有其独特的特点，在 API 活动的推行时首先要考虑到这些特点。
（1）奖励制度化。除了建立项目团队之外，企业必须要有一套完善的奖励制度。奖励制度化就是要对发现问题的员工进行物质上或精神上的奖励，以此来提高员工不断改善的积极性。
（2）鼓励自主改善。我们鼓励改善提案，但是只有能够得到实施的改善方案，才是真正有价值的提案。项目团队要鼓励员工去发现问题，并解决问题。员工则通过不断地实施改善，来逐渐提高问题意识和工作能力。
（3）广泛接纳提案。项目团队不应该对提案内容做太多限制，应该鼓励员工针对企业的各个环节提出问题。对提案涉及事项的大小、重要程度也不应该做过多的约束，否则会影响员工的积极性，并使得某些本来可以发现的问题被遗漏。我们需要做的是将提案的格式标准化，既使得员工的提案方便处理，又可以帮助员工填写提案的具体内容。提案的样式如表 3-25 所示。

表 3-25　API 提案形式

部门：	提案者：	日期：	审核人：
现状描述：			
改进意见：			

API 推行组织接受提案之后要对提案进行统一分析和处理。分析形式如表 3-26 所示。

表 3-26 API 提案分析表

提案编号：	部门：	日期：	委员会负责人：
可行性分析：			
改进预案：			

5.16.5 注意事项

在推行 API 活动中我们需要注意几个问题，处理好这些问题对活动的顺利开展可以起到积极的推动作用。

（1）要引导员工从身边的细微处去发现问题，切忌好高骛远。

（2）活动重要的是鼓励全员参与，不论提案的重要程度高低，活动委员会都要仔细处理。

（3）委员会最好可以增设工业工程小组，以进行可行性分析和项目评价。

5.17 PDPC 法

5.17.1 图例

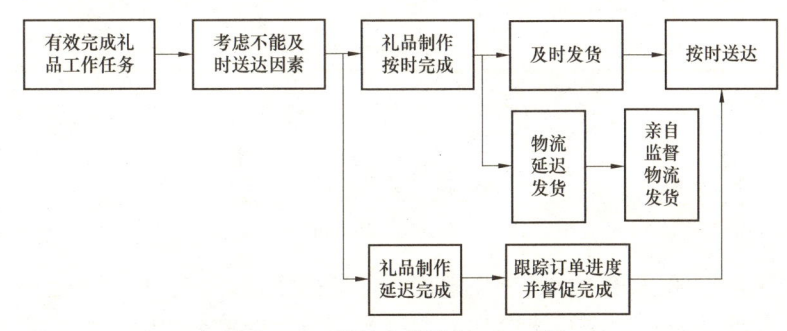

```
有效完成礼      考虑不能及      礼品制作                         
品工作任务  →  时送达因素  →  按时完成   →  及时发货  →  按时送达
                                  ↓            ↑
                                物流   →   亲自
                                延迟       监督
                                发货       物流
                                           发货
                                  ↓            ↑
                                礼品制作  →  跟踪订单进度
                                延迟完成      并督促完成
```

图 5-17　礼品交付计划 PDPC 图

5.17.2 用途

过程决策程序图法（PDPC 法，Process Decision Program Chart）是在制订计划阶段或进行系统设计时，事先预测可能发生的障碍（不理想事态或结果），从而设计出一系列对策措施以最大的可能引向最终目标（达到理想结果）。

PDPC 法具有预见性与临时应变性，可以提高执行目标的达成几率。在 7S 项目推行过程中，运用 PDPC 法是具有一定的积极作用的。

（1）有利于拟定 7S 项目推行计划。

（2）有利于预测不良现象，防止重大事故发生。

（3）有利于掌握全局，制订有效策略。

5.17.3 适用事项

《精益 7S 现场管理自检手册》中"11.2　7S 改善提案管理标准""2.1　区域规划标准"；《精益 7S 现场管理实战课》中"第 11 讲　从定制到规范"；

《精益 7S 现场管理标准化制度模板与实用表单》中"5　精益 7S 检查管理"；

《精益 7S 工作法》中"7.2　标准不是一成不变的"。

5.17.4 使用说明

过程决策程序图法有两种进行式，一种是顺向进行式，一种是逆向进行式。具体如图 5-18、图 5-19 所示。

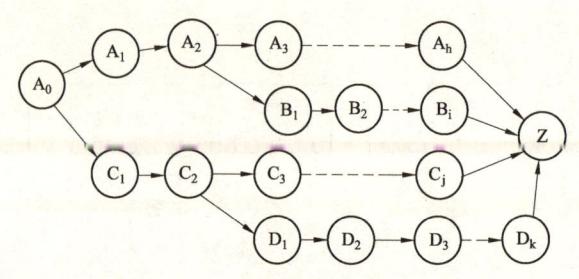

图 5-18 顺向进行的 PDPC 法示意

顺向进行的 PDPC 法是事先定好一个理想的目标（比如一个大的工程、一项具体的革新、一个技术改造方案等），然后按顺序考虑实现目标的手段和方法。

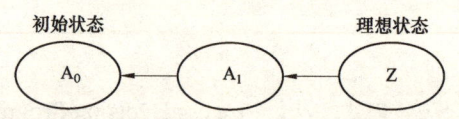

图 5-19 逆向进行的 PDPC 法示意图

当 Z 为理想状态（或非理想状态）时，从 Z 出发，逆向而上，从大量的观点中展开构思，使其和初始状态 A_0 连接起来，详细研究其过程后做出决策，这就是逆向进行的 PDPC 法。

PDPC 在使用过程中，应遵循以下步骤进行。

（1）明确决策事项。运用 PDPC 进行决策时，首先应明确决策事项。如果缺少正确的决策事项，执行时就会出现麻烦，影响执行结果。

（2）预测可能出现的问题。明确决策事项后，接着就可以对可能发生的问题进行推测了，这是执行过程中运用 PDPC 法不可或缺的步骤。在具体的执行过程中，可以列举一个详细的清单。

（3）拟定预防措施。运用 PDPC 法执行工作时，在以上两点的基础上，还需要拟定预防措施，以便顺利执行工作。

（4）绘制 PDPC 图。运用 PDPC 法，还需要绘制过程决策程序图。就是把各研究事项按紧迫程度、可能性和难易程度等进行分类，进而对当前要解决的事项，根据预测的结果，决定在实施前还需要做些什么，用箭头向理想状态连接。如图 5-17 所示为礼品交付计划的 PDPC 示意图。

5.17.5 注意事项

要想通过 PDPC 法掌控过程障碍，做好过程预防措施，还需要注意以下事项。

（1）运用 PDPC 法做决策时，应该保证决策的完整性与条理性。

（2）运用 PDPC 法时，可能会同时出现多个问题，这时就应该先解决关键性问题，而不是枝节问题。

（3）随着环境的变化，工作中可能会出现意想不到的问题，所以需要对 PDPC 图进行不断修订。

参考文献

[1] 李泽尧. 执行力. 广州：广东经济出版社，2008.

[2] 齐忠玉，林海，杨智斌. 精益化推行工具箱. 北京：中国电力出版社，2010.

[3] 罗百辉，陈勇明. 生产管理工具箱（第二版）. 北京：机械工业出版社，2011.

[4] 余世维. 赢在执行. 北京：中国社会科学出版社，2005.

[5] 杨兴文，杨靖. 流程管理工具箱. 北京：中国电力出版社，2012.

[6] 孙科柳，石强. 执行管理工具箱. 北京：中国电力出版社，2012.

[7] 齐忠玉. 工作一次就做对，每次做到位. 北京：电子工业出版社，2010.

[8] 石真语，孙科炎. 怎么惩罚，员工才合作 怎么奖励，员工才积极（修订版）. 北京：电子工业出版社，2012.

[9] 齐忠玉. 图解 7S 推行. 北京：中国电力出版社，2010.

[10] 蒋业财，吴发明. 7S 推行操作手册. 北京：人民邮电出版社，2013.

[11] 孙科柳，石强. 执行是门技术活. 北京：机械工业出版社，2012.

[12] 南希·R. 泰戈. 质量工具箱（第二版）. 何桢，施亮星，译. 北京：中国标准出版社，2006.

后 记

闻悉本书即将出版,不胜感慨。这本书从最初的调查研究到中途的设计与写作,以及随后的出版审阅等,都是一个艰难而且辛苦的过程,也是一个自我学习的过程。之所以是自我学习的过程,是因为在过去的一段时间里,围绕这本书的研究与写作,我们获得了各种各样的帮助,这些帮助包括心智上的点拨、具体写作过程的指导和资料收集论证上的协助。

在这里,要特别说明的是,这本书的创作融入了团队的智慧,我们团队中的大部分人都参与了这本书的撰写或资料收集分析工作。这些人包括:洪少萍、孙科柳、李瑞文、秦术琼、宋松红、谭海燕、谭汉贵、王晓荣、杨兵、杨选成、袁雪萍、孙东风、孙丽、李国旗、石强、孙科江、安航涛、李艳、姜婷、潘长青等。本书最终由孙科炎和孙丽进行文字修订,并定稿。

在此,对以上人员衷心地表示谢意!

精益界编委会
2015 年 1 月于北京